Somm

❶ L'auteur

❷ *Cyrano de Bergerac* (extraits)

❸ Dossier Bibliocollège

L'essentiel sur l'auteur

Edmond Rostand est un auteur de la fin du XIXe siècle et du début du XXe. Il est surtout connu pour avoir écrit la pièce *Cyrano de Bergerac*.

Ami de comédiens, il écrit *Cyrano de Bergerac* pour Constant Coquelin à qui il confie le rôle-titre. Le rythme rapide de la pièce va enthousiasmer le public.

EDMOND ROSTAND
(1868-1918)

Ses contemporains :
- Un modèle : Victor Hugo, chef de file des romantiques.
- Un romancier : Émile Zola, théoricien du naturalisme.
- Le premier grand metteur en scène : André Antoine.

Les personnalités-clés :
- Sarah Bernhardt, grande comédienne qui jouait aussi bien des rôles féminins que des rôles masculins.
- Alfred Dreyfus, un capitaine accusé à tort de trahison.

biblio Théâtre collège

Cyrano de Bergerac

EDMOND ROSTAND

Notes, questionnaires et dossier Bibliocollège
Isabelle de LISLE,
agrégée de Lettres modernes.

Crédits photographiques :
couverture : Roxane (Anne Brochet) et Cyrano (Gérard Depardieu) dans le film *Cyrano de Bergerac* de Jean-Paul Rappeneau © Benoît Barbier / Films A2 / DD Prod / UGC / Album / agk-images. **pp. 4, 5, 7, 8, 9, 10, 13, 47, 50, 68, 69 :** © photothèque Hachette. **p. 109 :** photo de production du film *Cyrano de Bergerac* de Michael Gordon distribué par Les Artistes associés, © photothèque Hachette. **p. 122 :** © Pascal Victor / ArtComPress. **p. 123 :** © photothèque Hachette. **p. 158 :** Cyrano (José Ferrer), Roxane (Mala Powers) et Christian de Neuvillette (William Prince), photo de production du film *Cyrano de Bergerac* de Michael Gordon distribué par Les Artistes associés, © photothèque Hachette. **pp. 173, 224, 225 :** © photothèque Hachette. **p. 270 :** l'impératrice Joséphine de Beauharnais, détail d'un tableau d'Antoine-Jean Gros, © photothèque Hachette. **pp. 281, 282, 283, 284, 285, 286 :** © photothèque Hachette.

Conception graphique
Couverture : Stéphanie Benoit
Intérieur : GRAPH'in-folio

Édition
Fabrice Pinel

Mise en pages
APS-ie

Dossier pédagogique téléchargeable gratuitement sur :
www.biblio-hachette.com

ISBN : 978-2-01-394986-6

Achevé d'imprimer en Espagne par Black Print
Dépôt légal : Septembre 2019 – Édition : 05
35/5960/1

Biographie

Identité :
Edmond Rostand

Naissance :
1er avril 1868,
à Marseille

Décès :
2 décembre 1918
(à 50 ans),
à Paris

Genres pratiqués :
théâtre, poésie,
essai

EDMOND ROSTAND
est un dramaturge français très apprécié à la Belle Époque. On a surtout retenu de lui *Cyrano de Bergerac*, une des pièces les plus jouées de notre répertoire et dont le succès a été retentissant dès sa création.

▶ Premières années : de Marseille à Paris

Edmond Rostand naît à Marseille le 1er avril 1868 dans une famille aisée. Son père est un économiste intéressé par la littérature et la musique.
En 1878, il entre au lycée de Marseille, qu'il quitte en 1884 pour venir étudier à Paris, au collège Stanislas. C'est un bon élève et un grand lecteur. Il dévore, notamment, les romans de cape et d'épée d'Alexandre Dumas et s'intéresse à Shakespeare.

▶ Premières œuvres

En 1887, il reçoit le Prix de l'académie de Marseille pour son étude intitulée *Deux Romanciers de Provence : Honoré d'Urfé et Émile Zola*. Le thème choisi révèle l'attachement au Sud de la France et nous laisse deviner les centres d'intérêt du jeune homme : la préciosité dans les salons du XVIIe siècle, le sentiment amoureux, la littérature de son temps.
En 1889, *Le Gant rouge*, la pièce qu'il a écrite avec Henry Lee, est un échec.

Honoré d'Urfé (1567-1625) et le roman sentimental

Né à Marseille, cet écrivain précieux refuse tout ce qui est ordinaire et idéalise l'amour. Il est connu pour le vaste roman d'amour courtois *L'Astrée*, qu'il fait paraître à partir de 1607 et qui connaît un grand succès dans les salons mondains du XVIIe siècle.

« Car, vois-tu, chaque jour je t'aime davantage, / Aujourd'hui plus qu'hier et bien moins que demain »
(Rosemonde Gérard)

LE VRAI CYRANO DE BERGERAC

Savinien de Cyrano de Bergerac (1619 ?-1655) est né à Paris et n'a rien de gascon. Il est surtout connu pour deux récits amusants et provocateurs : l'*Histoire comique des États et Empires de la Lune* (1657) et l'*Histoire comique des États et Empires du Soleil* (1662).

▶ Un mariage d'amour

Edmond Rostand fait la connaissance de la poétesse Rosemonde Gérard (1866-1953), qu'il épouse en 1890. Ils auront deux fils, en 1891 et 1894 : Maurice suivra la voie littéraire de son père, tandis que Jean deviendra un biologiste connu dans le monde entier.

▶ Vers le succès

Après avoir refusé, en 1891, la pièce *Les Deux Pierrots*, la Comédie-Française accepte de mettre en scène *Les Romanesques* en 1894. Le succès est enfin au rendez-vous !

En 1895, *La Princesse lointaine* ne séduit pas autant le public mais fait pourtant date dans le parcours d'Edmond Rostand, car, jouée par la très célèbre comédienne Sarah Bernhardt (1844-1923), elle marque le début de leur collaboration. C'est pour elle qu'il compose *La Samaritaine* en 1897. La pièce obtient un certain succès.

▶ *Cyrano de Bergerac* : le triomphe

Sarah Bernhardt ayant pris un autre engagement, c'est pour le grand comédien Constant Coquelin qu'il écrit, durant l'année 1897, *Cyrano de Bergerac*, une pièce qui s'inspire de la vie d'un personnage bien réel du XVIIe siècle. L'œuvre compte 5 actes, 2 570 vers, plus de 30 personnages… Elle multiplie les décors et fait passer le spectateur du rire aux larmes.

La première[1] a lieu le 28 décembre 1897 au théâtre de la Porte-Saint-Martin : c'est un triomphe sans précédent, avec près de 50 rappels[2] ! Le théâtre affichera complet pendant un an. La 1 000e représentation est donnée en 1913 avec les mêmes applaudissements. Depuis, les metteurs en scène se succèdent et la pièce séduit toujours autant.

NOTES

1. **première :** 1re représentation d'une pièce.
2. **rappels :** applaudissements du public pour faire revenir sur scène les artistes à la fin du spectacle.

▶ *L'Aiglon* : un succès décevant ?

Sarah Bernhardt crée *L'Aiglon* en 1900, une pièce écrite par Edmond Rostand dans laquelle elle tient le rôle du personnage principal, le fils de Napoléon Ier. Les comédiens sont très applaudis, mais l'auteur est déçu car le succès de *Cyrano* semble impossible à égaler. Il se sent, de plus, incompris. En effet, de nombreux spectateurs, blessés par la défaite de la France contre la Prusse en 1870, voient, dans *L'Aiglon*, un texte nationaliste et une volonté de revanche qu'il ne partage pas.

Atteint de pleurésie, assombri par ce qu'il ressent comme un échec, il quitte la vie parisienne et se retire à Cambo-les-Bains, dans le Pays basque. Il y fait construire la vaste villa *Arnaga*, qui sera achevée en 1906 et qui abrite, aujourd'hui, un musée consacré à l'auteur de *Cyrano de Bergerac*.

▶ Le semi-échec de *Chantecler*

Edmond Rostand est élu à l'Académie française en 1901, mais, malade, il ne viendra prononcer son discours à Paris que deux ans plus tard. C'est à Cambo-les-Bains qu'il écrit, durant huit années, *Chantecler*, une pièce montrant un poète en butte aux jalousies. Il compte confier le rôle principal à Coquelin, son acteur fétiche, mais ce dernier meurt en 1909, au cours des répétitions. La première a lieu le 7 février 1910, et l'accueil est mitigé.

▶ Les dernières années

En 1911, Edmond Rostand imagine une suite à la comédie *Dom Juan* de Molière avec *La Dernière Nuit de Dom Juan*. Cette pièce ne sera jouée qu'en 1922, après sa mort.

La Première Guerre mondiale éclate en 1914 ; le dramaturge devient poète et compose des poèmes

▶ SARAH BERNHARDT

Sarah Bernhardt (1844-1923) est une des plus grandes tragédiennes françaises. Première comédienne à avoir joué dans le monde entier, elle a marqué son public par sa personnalité et sa façon de jouer (*Phèdre* de Racine, par exemple). Jean Cocteau inventa pour elle l'expression *monstre sacré*.

▶ *DOM JUAN* DE MOLIÈRE

Le personnage de Don Juan, séducteur infidèle, semble tout le contraire de Cyrano, mais, comme lui, il revendique la liberté, au prix de sa vie.

Cyrano dessiné par
Edmond Rostand.

de guerre réunis dans un recueil posthume[1] (1919) intitulé *Le Vol de la Marseillaise*. Il connaît des difficultés financières et des deuils éprouvants, perdant successivement son père (en 1915) et sa mère (en 1916).

Edmond Rostand meurt à 50 ans, le 2 décembre 1918, probablement frappé par l'épidémie de grippe espagnole qui a fait plus de 50 millions de morts dans le monde.

ROSTAND vu par…

ÉMILE FAGUET (de l'Académie française, en 1910)

« Quelque voie qu'il suive, ou qu'il s'ouvre, il est si merveilleusement doué qu'il s'y couvrira de gloire et la revêtira de gloire elle-même. »

JEAN GIRAUDOUX (écrivain et diplomate français, en 1910)

« Le talent poétique de M. Rostand ? Médiocre. Son talent dramatique ? Médiocre. À quelle place je le mets dans la littérature générale contemporaine ? À la première. »

NOTE

1. posthume : après l'inhumation, c'est-à-dire après l'enterrement de la personne.

EDMOND ROSTAND

Cyrano de Bergerac

Comédie héroïque[1]
en cinq actes en vers
représentée à Paris
sur le théâtre de la Porte-Saint-Martin
le 28 décembre 1897

Note

1. **Comédie héroïque** : genre apprécié dans la première moitié du XVIIe siècle, empruntant à l'épopée, à la comédie et à la tragédie.

C'est à l'âme de CYRANO *que je voulais dédier ce poème.*
Mais puisqu'elle a passé en vous, COQUELIN[1],
c'est à vous que je le dédie.
E. R.

Constant Coquelin en Cyrano photographié par Nadar.

Note

1. Le grand comédien Constant Coquelin, dit « Coquelin l'Aîné », en répétant le rôle de Cyrano au fur et à mesure de l'écriture de la pièce, a fortement influencé Edmond Rostand.

Personnages

Cyrano de Bergerac
Christian de Neuvillette
Comte de Guiche
Ragueneau
Le Bret
Le capitaine Carbon de Castel-Jaloux
Les Cadets
Lignière
De Valvert
Un Marquis
Deuxième Marquis
Troisième Marquis
Montfleury
Bellerose
Jodelet
Cuigy
Brissaille
Un Fâcheux
Un Mousquetaire
Un autre
Un Officier espagnol
Un Chevau-léger
Le Portier
Un Bourgeois
Son fils
Un Tire-Laine
Un Spectateur
Un Garde
Bertrandou le Fifre
Le Capucin
Deux Musiciens
Les Poètes
Les Pâtissiers

ROXANE
SŒUR MARTHE
LISE
LA DISTRIBUTRICE DES DOUCES LIQUEURS
MÈRE MARGUERITE DE JÉSUS
LA DUÈGNE
SŒUR CLAIRE
UNE COMÉDIENNE
LA SOUBRETTE
LES PAGES
LA BOUQUETIÈRE

LA FOULE, BOURGEOIS, MARQUIS, MOUSQUETAIRES, TIRE-LAINE, PÂTISSIERS, POÈTES, CADETS, GASCONS, COMÉDIENS, VIOLONS, PAGES, ENFANTS, SOLDATS ESPAGNOLS, SPECTATEURS, SPECTATRICES, PRÉCIEUSES, COMÉDIENNES, BOURGEOISES, RELIGIEUSES, etc.

(Les quatre premiers actes en 1640, le cinquième en 1655.)

Premier Acte

Une représentation à l'Hôtel de Bourgogne[1]

La salle de l'Hôtel de Bourgogne, en 1640. Sorte de hangar de jeu de paume[2] aménagé et embelli pour des représentations. La salle est un carré long : on la voit en biais, de sorte qu'un de ses côtés forme le fond qui part du premier plan, à droite, et va au dernier plan, à gauche, faire angle avec la scène, qu'on aperçoit en pan coupé.

Cette scène est encombrée, des deux côtés, le long des coulisses, par des banquettes. Le rideau est formé par deux tapisseries qui peuvent s'écarter. Au-dessus du manteau d'Arlequin[3], les armes[4] royales. On descend de l'estrade dans la salle par de larges marches. De chaque côté de ces marches, la place des violons. Rampe de chandelles[5].

Notes

1. La troupe de l'Hôtel de Bourgogne était financée par le roi Louis XIV. Ce théâtre se trouvait à Paris, dans le quartier des Halles.
2. *jeu de paume* : ancien jeu de balle, ancêtre du tennis.
3. *manteau d'Arlequin* : boiserie qui encadre la scène.
4. *armes* : armoiries, blason.
5. *chandelles* : bougies fabriquées avec de la graisse animale, qui dégageaient une forte odeur et de la fumée. Avant l'éclairage électrique des théâtres, leur durée déterminait celle des actes.

Deux rangs superposés de galeries latérales : le rang supérieur est divisé en loges. Pas de sièges au parterre[1]*, qui est la scène même du théâtre ; au fond de ce parterre, c'est-à-dire à droite, premier plan, quelques bancs formant gradins et, sous un escalier qui monte vers des places supérieures et dont on ne voit que le départ, une sorte de buffet orné de petits lustres, de vases fleuris, de verres de cristal, d'assiettes de gâteaux, de flacons, etc.*

Au fond, au milieu, sous la galerie de loges, l'entrée du théâtre. Grande porte qui s'entrebâille pour laisser passer les spectateurs. Sur les battants de cette porte, ainsi que dans plusieurs coins et au-dessus du buffet, des affiches rouges sur lesquelles on lit : LA CLORISE[2].
Au lever du rideau, la salle est dans une demi-obscurité, vide encore. Les lustres sont baissés au milieu du parterre, attendant d'être allumés.

SCÈNE PREMIÈRE

LE PUBLIC, *qui arrive peu à peu.* CAVALIERS, BOURGEOIS, LAQUAIS[3], PAGES, TIRE-LAINE[4], LE PORTIER, *etc., puis* LES MARQUIS, CUIGY, BRISSAILLE, LA DISTRIBUTRICE, LES VIOLONS, *etc.*

On entend derrière la porte un tumulte de voix, puis un cavalier entre brusquement.

LE PORTIER, *le poursuivant.*

Holà ! vos quinze sols[5] !

LE CAVALIER

J'entre gratis !

Notes

1. ***parterre*** : rez-de-chaussée de la salle de théâtre ; en 1640, le parterre est dépourvu de sièges et accueille les spectateurs peu fortunés.
2. **La Clorise** : titre de la pièce de Balthazar Baro qui va être jouée.
3. **laquais** : valets vêtus d'une tenue permettant de savoir au service de quelle famille il est attaché.
4. **tire-laine** : pickpockets.
5. **sols** : petites pièces de monnaie.

LE PORTIER

Pourquoi ?

LE CAVALIER

Je suis chevau-léger de la maison du Roi[1] !

LE PORTIER, *à un autre cavalier qui vient d'entrer.*

Vous ?

DEUXIÈME CAVALIER

Je ne paye pas !

LE PORTIER

Mais…

DEUXIÈME CAVALIER

Je suis mousquetaire[2].

PREMIER CAVALIER, *au deuxième.*

On ne commence qu'à deux heures. Le parterre
Est vide. Exerçons-nous au fleuret[3].

Ils font des armes[4] avec des fleurets qu'ils ont apportés.

UN LAQUAIS, *entrant.*

Pst… Flanquin ?…

UN AUTRE, *déjà arrivé.*

Champagne[5] ?…

LE PREMIER, *lui montrant des jeux qu'il sort de son pourpoint[6].*

Cartes. Dés.

Il s'assied par terre.

LE DEUXIÈME, *même jeu.*

Oui, mon coquin.

Notes

1. **chevau-léger de la maison du Roi** : cavalier de la Garde royale.
2. **mousquetaire** : cavalier au service du roi ou du cardinal de Richelieu.
3. **fleuret** : sorte d'épée à longue lame.
4. ***Ils font des armes*** : ils se battent.
5. **Flanquin, Champagne** : noms des deux laquais.
6. ***pourpoint*** : sorte de veste.

PREMIER LAQUAIS, *tirant de sa poche un bout de chandelle qu'il allume et colle par terre.*

J'ai soustrait[1] à mon maître un peu de luminaire[2].

UN GARDE, *à une bouquetière[3] qui s'avance.*

C'est gentil de venir avant que l'on n'éclaire!...

Il lui prend la taille.

UN DES BRETTEURS[4], *recevant un coup de fleuret.*

Touche!

UN DES JOUEURS

Trèfle!

LE GARDE, *poursuivant la fille.*

Un baiser!

LA BOUQUETIÈRE, *se dégageant.*

On voit!...

LE GARDE, *l'entraînant dans les coins sombres.*

Pas de danger!

UN HOMME, *s'asseyant par terre avec d'autres porteurs de provisions de bouche.*

Lorsqu'on vient en avance, on est bien pour manger.

UN BOURGEOIS, *conduisant son fils.*

Plaçons-nous là, mon fils.

[...]

Brouhaha à la porte.

UNE VOIX DE FAUSSET

Places, brutes!

UN LAQUAIS, *s'étonnant.*

Les marquis[5]!... au parterre?...

Notes

1. **J'ai soustrait** : j'ai volé.
2. **luminaire** : lumière.
3. ***bouquetière*** : fleuriste ambulante.
4. **bretteurs** : bons escrimeurs.
5. Les membres de la noblesse ne s'installent pas habituellement au parterre, mais en hauteur dans les loges (voir gravure, p. 47).

UN AUTRE LAQUAIS

Oh ! pour quelques minutes.

Entre une bande de petits marquis.

UN MARQUIS, *voyant la salle à moitié vide.*

Hé quoi ! Nous arrivons ainsi que les drapiers[1],
Sans déranger les gens ? sans marcher sur les pieds ?
Ah fi ! fi ! fi ![2]

Il se trouve devant d'autres gentilshommes[3] entrés peu avant.

Cuigy ! Brissaille !

Grandes embrassades.

CUIGY

Des fidèles !
Mais oui, nous arrivons devant[4] que les chandelles...

LE MARQUIS

Ah ! ne m'en parlez pas ! Je suis dans une humeur...

UN AUTRE

Console-toi, marquis, car voici l'allumeur[5] !

LA SALLE, *saluant l'entrée de l'allumeur.*

Ah !...

On se groupe autour des lustres qu'il allume. Quelques personnes ont pris place aux galeries. Lignière entre au parterre, donnant le bras à Christian de Neuvillette. Lignière, un peu débraillé, figure d'ivrogne distingué. Christian, vêtu élégamment, mais d'une façon un peu démodée, paraît préoccupé et regarde les loges.

Notes

1. **drapiers** : marchands de draps ; il s'agit, plus largement, des bourgeois.
2. La numérotation des vers, malgré les coupes, respecte celle de l'œuvre intégrale pour faciliter le passage d'une édition à l'autre.
3. ***gentilshommes*** : nobles.
4. **devant** : avant.
5. **allumeur** : personne chargée d'allumer les chandelles.

SCÈNE 2

LES MÊMES, CHRISTIAN[1], LIGNIÈRE[2], *puis* RAGUENEAU *et* LE BRET[3]

CUIGY

Lignière !

BRISSAILLE, *riant.*

Pas encor gris[4] !…

LIGNIÈRE, *bas à Christian.*

Je vous présente ?

Signe d'assentiment[5] de Christian.

Baron de Neuvillette.

Saluts.

LA SALLE, *acclamant l'ascension du premier lustre allumé.*

Ah !

CUIGY, *à Brissaille, en regardant Christian.*

La tête est charmante.

PREMIER MARQUIS, *qui a entendu.*

Peuh !…

LIGNIÈRE, *présentant à Christian.*

Messieurs de Cuigy, de Brissaille…

CHRISTIAN, *s'inclinant.*

Enchanté !…

PREMIER MARQUIS, *au deuxième.*

Il est assez joli, mais n'est pas ajusté[6]
Au dernier goût[7].

Notes

1. Le personnage réel se nommait Christofle de Champagne, baron de Neuvillette.
2. François Payot de Lignière(s) (1628-1704), poète provocateur.
3. Henri Le Bret, ami d'enfance du véritable Cyrano.
4. **gris** : ivre.
5. ***assentiment*** : accord.
6. **ajusté** : vêtu.
7. **Au dernier goût** : à la dernière mode.

LIGNIÈRE, *à Cuigy.*

Monsieur débarque de Touraine.

CHRISTIAN

Oui, je suis à Paris depuis vingt jours à peine.
J'entre aux gardes demain, dans les cadets[1].
[…]

LIGNIÈRE, *prenant Christian à part.*

Mon cher, je suis entré pour vous rendre service :
La dame ne vient pas. Je retourne à mon vice[2] !

CHRISTIAN, *suppliant.*

Non ! vous qui chansonnez[3] et la ville et la cour,
Restez : vous me direz pour qui je meurs d'amour.

LE CHEF DES VIOLONS, *frappant sur son pupitre, avec son archet.*

Messieurs les violons !…

Il lève son archet.

LA DISTRIBUTRICE

Macarons, citronnée[4]…

Les violons commencent à jouer.

CHRISTIAN

J'ai peur qu'elle ne soit coquette et raffinée,
Je n'ose lui parler car je n'ai pas d'esprit[5].
Le langage aujourd'hui qu'on parle[6] et qu'on écrit,
Me trouble. Je ne suis qu'un bon soldat timide.
– Elle est toujours à droite, au fond : la loge vide.

LIGNIÈRE, *faisant mine de sortir.*

Je pars.

Notes

1. cadets : jeunes nobles apprenant le métier des armes.
2. vice : défaut (Lignière aime boire).
3. chansonnez : mettez en chansons pour vous moquer.
4. citronnée : boisson au citron.
5. je n'ai pas d'esprit : je ne suis pas spirituel, je ne sais pas jouer avec les mots.
6. aujourd'hui qu'on parle : qu'on parle aujourd'hui.

CHRISTIAN, *le retenant encore.*

Oh ! non, restez !

LIGNIÈRE

Je ne peux. D'Assoucy[1]
M'attend au cabaret. On meurt de soif, ici.

LA DISTRIBUTRICE, *passant devant lui avec un plateau.*

Orangeade ?

LIGNIÈRE

Fi !

LA DISTRIBUTRICE

Lait ?

LIGNIÈRE

Pouah !

LA DISTRIBUTRICE

Rivesalte[2] ?

LIGNIÈRE

Halte !

À Christian.

Je reste encore un peu. – Voyons ce rivesalte.

Il s'assied près du buffet. La distributrice lui verse du rivesalte.

CRIS *dans le public à l'entrée d'un petit homme grassouillet et réjoui.*

Ah ! Ragueneau !...

LIGNIÈRE, *à Christian.*

Le grand rôtisseur Ragueneau[3].

Notes

1. Charles Coypeau d'Assoucy (1605-1677), poète et musicien, longtemps ami du véritable Cyrano.

2. **Rivesalte** : vin des Pyrénées-Orientales.

3. Cyprien Ragueneau (1608-1654), pâtissier fréquenté par les poètes ; ruiné, il accompagne en province la troupe de Molière et d'Armande Béjart. Rostand en fait un pâtissier-rôtisseur.

RAGUENEAU, *costume de pâtissier endimanché*[1], *s'avançant vivement vers Lignière.*

Monsieur, avez-vous vu monsieur de Cyrano[2] ?
[...]

LIGNIÈRE

Pourquoi ?

RAGUENEAU

Montfleury[3] joue !

LIGNIÈRE

En effet, cette tonne[4]
Va nous jouer ce soir le rôle de Phédon[5].
Qu'importe à Cyrano ?

RAGUENEAU

Mais vous ignorez donc ?
Il fit à Montfleury, messieurs, qu'il prit en haine,
Défense, pour un mois, de reparaître en scène.

LIGNIÈRE, *qui en est à son quatrième petit verre.*

Eh bien ?

RAGUENEAU

Montfleury joue !

CUIGY, *qui s'est rapproché de son groupe.*

Il n'y peut rien.

RAGUENEAU

Oh ! oh !

Moi, je suis venu voir !

Notes

1. ***endimanché*** : vêtu avec soin, en habits du dimanche.
2. Savinien de Cyrano de Bergerac (1619-1655), écrivain original et provocateur qui s'engagea dans la troupe des cadets. Né à Paris, il n'était pas gascon ; Bergerac est le nom d'un domaine familial situé en région parisienne.
3. Montfleury (1608-1667) fut l'un des plus célèbres comédiens de la troupe de l'Hôtel de Bourgogne.
4. **tonne** : barrique ou mesure de poids ; Montfleury était très gros.
5. **Phédon** : personnage principal de *La Clorise*.

PREMIER MARQUIS

Quel est ce Cyrano ?

CUIGY

C'est un garçon versé dans les colichemardes[1].

DEUXIÈME MARQUIS

Noble ?

CUIGY

Suffisamment. Il est cadet aux gardes.

Montrant un gentilhomme qui va et vient dans la salle comme s'il cherchait quelqu'un.

Mais son ami Le Bret peut vous dire…

Il appelle.

Le Bret !

Le Bret descend vers eux.

Vous cherchez Bergerac ?

LE BRET

Oui, je suis inquiet !…

CUIGY

N'est-ce pas que cet homme est des moins ordinaires ?

LE BRET, *avec tendresse.*

Ah ! c'est le plus exquis des êtres sublunaires[2] !

RAGUENEAU

Rimeur !

CUIGY

Bretteur !

BRISSAILLE

Physicien !

Notes

1. versé dans les colichemardes : spécialisé dans les épées.

2. sublunaires : qui vivent sous la Lune, c'est-à-dire sur Terre. Allusion à une œuvre célèbre de Cyrano de Bergerac : *Histoire comique des États et Empires de la Lune* (1657).

LE BRET

Musicien !

LIGNIÈRE

Et quel aspect hétéroclite[1] que le sien !

RAGUENEAU

Certes, je ne crois pas que jamais nous le peigne
Le solennel monsieur Philippe de Champaigne[2] ;
Mais bizarre, excessif, extravagant, falot[3],
Il eût fourni, je pense, à feu[4] Jacques Callot[5]
Le plus fol spadassin[6] à mettre entre ses masques :
Feutre[7] à panache triple et pourpoint à six basques[8],
Cape, que par-derrière, avec pompe[9], l'estoc[10]
Lève, comme une queue insolente de coq,
Plus fier que tous les Artabans[11] dont la Gascogne
Fut et sera toujours l'alme Mère Gigogne[12],
Il promène en sa fraise[13] à la Pulcinella[14],
Un nez !... Ah ! messeigneurs, quel nez que ce nez-là !...
On ne peut voir passer un pareil nasigère[15]
Sans s'écrier : « Oh ! non, vraiment, il exagère ! »
Puis on sourit, on dit : « Il va l'enlever... » Mais
Monsieur de Bergerac ne l'enlève jamais.

Notes

1. **hétéroclite** : varié, irrégulier.
2. Philippe de Champaigne (1602-1674) est un peintre spécialisé dans les portraits officiels.
3. **falot** : parfois ridicule.
4. **feu** : mention indiquant que la personne dont le nom suit est décédée.
5. Jacques Callot (1592-1635) est un dessinateur ayant souvent représenté les comédiens de la *commedia dell'arte*.
6. **spadassin** : soldat à pied se battant à l'épée.
7. **Feutre** : sorte de chapeau.
8. **basques** : bandes de tissu autour de la ceinture de la veste.
9. **avec pompe** : de façon solennelle.
10. **l'estoc** : la grande épée.
11. Artaban est le personnage glorieux et fier d'un roman précieux à la mode.
12. **l'alme Mère Gigogne** : personnage populaire gigantesque accompagné de nombreux enfants, figure maternelle.
13. **fraise** : collerette plissée à la mode aux XVIe et XVIIe siècles.
14. **Pulcinella** : Polichinelle, personnage de la *commedia dell'arte*.
15. **nasigère** : porteur de nez (néologisme, c'est-à-dire mot inventé par l'auteur).

Le Bret, *hochant la tête.*

Il le porte, – et pourfend quiconque[1] le remarque !

Ragueneau, *fièrement.*

Son glaive est la moitié des ciseaux de la Parque[2] !

PREMIER MARQUIS, *haussant les épaules.*

Il ne viendra pas !

Ragueneau

Si !... Je parie un poulet
À la Ragueneau !

LE MARQUIS, *riant.*

Soit !

Rumeurs d'admiration dans la salle. Roxane vient de paraître dans sa loge. Elle s'assied sur le devant ; sa duègne[3] prend place au fond. Christian, occupé à payer la distributrice, ne regarde pas.

DEUXIÈME MARQUIS, *avec des petits cris.*

Ah ! messieurs ! mais elle est
Épouvantablement ravissante !

PREMIER MARQUIS

Une pêche
Qui sourirait avec une fraise !

DEUXIÈME MARQUIS

Et si fraîche
Qu'on pourrait, l'approchant, prendre un rhume de cœur !

Christian, *lève la tête, aperçoit Roxane, et saisit vivement Lignière par le bras.*

C'est elle !

Notes

1. **pourfend quiconque** : combat toute personne qui.
2. **la Parque** : divinité grecque antique présidant à la destinée humaine et coupant le fil de la vie.
3. ***duègne*** : femme âgée chargée de surveiller une jeune fille.

LIGNIÈRE, *regardant.*

Ah ! c'est elle ?…

CHRISTIAN

Oui. Dites vite. J'ai peur.

LIGNIÈRE, *dégustant son rivesaltes à petits coups.*

Magdeleine Robin[1], dite Roxane. – Fine.
Précieuse.

CHRISTIAN

Hélas !

LIGNIÈRE

Libre. Orpheline. Cousine
De Cyrano, – dont on parlait…

À ce moment un seigneur très élégant, le cordon bleu[2] en sautoir[3], entre dans la loge et, debout, cause un instant avec Roxane.

CHRISTIAN, *tressaillant.*

Cet homme ?…

LIGNIÈRE, *qui commence à être gris, clignant de l'œil.*

Hé ! hé !…
– Comte de Guiche[4]. Épris[5] d'elle. Mais marié
À la nièce d'Armand de Richelieu[6]. Désire
Faire épouser Roxane à certain triste sire[7],
Un monsieur de Valvert, vicomte… et complaisant[8].
Elle n'y souscrit pas[9], mais De Guiche est puissant :
Il peut persécuter une simple bourgeoise.

Notes

1. Le véritable Cyrano avait une cousine nommée Magdeleine Robineau.
2. ***cordon bleu*** : insigne des chevaliers de l'ordre du Saint-Esprit.
3. ***sautoir*** : long collier.
4. **Comte de Guiche** : neveu du cardinal de Richelieu, il devint duc de Gramont et maréchal de France.
5. **Épris** : amoureux.
6. Armand Jean du Plessis de Richelieu, connu sous le nom de « cardinal de Richelieu », est le Premier ministre de Louis XIII de 1624 à 1642.
7. **triste sire** : individu déplaisant ; *sire* signifie aussi « seigneur ».
8. **complaisant** : acceptant de ne pas voir que sa femme le trompe.
9. **Elle n'y souscrit pas** : elle ne le veut pas.

D'ailleurs j'ai dévoilé sa manœuvre sournoise[1]
Dans une chanson qui… Ho ! il doit m'en vouloir !
– La fin était méchante… Écoutez…

Il se lève en titubant, le verre haut, prêt à chanter.

CHRISTIAN

Non. Bonsoir.

LIGNIÈRE

Vous allez ?

CHRISTIAN

Chez monsieur de Valvert !

LIGNIÈRE

Prenez garde :
C'est lui qui vous tuera !

Lui désignant du coin de l'œil Roxane.

Restez. On vous regarde.

CHRISTIAN

C'est vrai !

Il reste en contemplation. Le groupe de tire-laine, à partir de ce moment, le voyant la tête en l'air et la bouche bée[2], se rapproche de lui.

LIGNIÈRE

C'est moi qui pars. J'ai soif ! Et l'on m'attend
Dans des tavernes !

Il sort en zigzaguant.

LE BRET, *qui a fait le tour de la salle, revenant vers Ragueneau, d'une voix rassurée.*

Pas de Cyrano.

RAGUENEAU, *incrédule.*

Pourtant…

Notes

1. **sournoise** : avec une méchanceté dissimulée.

2. ***bée*** : ouverte.

LE BRET

Ah ! je veux espérer qu'il n'a pas vu l'affiche !

LA SALLE

Commencez ! Commencez !

SCÈNE 3

LES MÊMES, *moins* LIGNIÈRE ; DE GUICHE, VALVERT, *puis* MONTFLEURY

UN MARQUIS, *voyant De Guiche, qui descend de la loge de Roxane, traverse le parterre, entouré de seigneurs obséquieux*[1], *parmi lesquels le vicomte de Valvert.*

Quelle cour, ce De Guiche !

UN AUTRE

Fi !… Encore un Gascon !

LE PREMIER

Le Gascon souple et froid,
Celui qui réussit !… Saluons-le, crois-moi.

Ils vont vers De Guiche.

DEUXIÈME MARQUIS

Les beaux rubans ! Quelle couleur, comte de Guiche ?
Baise-moi-ma-mignonne ou bien *Ventre-de-biche* ?

DE GUICHE

C'est couleur *Espagnol malade*[2].

Notes

1. ***obséquieux*** : exagérément polis.
2. ***Baise-moi-ma-mignonne, Ventre-de-biche, Espagnol malade*** : ces couleurs sont répertoriées dans *Les Aventures du baron de Fæneste* d'Agrippa d'Aubigné pour qualifier les différents bas portés par les courtisans.

PREMIER MARQUIS

La couleur
Ne ment pas, car bientôt, grâce à votre valeur,
L'Espagnol ira mal, dans les Flandres[1] !

DE GUICHE

Je monte
Sur scène[2]. Venez-vous ?

Il se dirige, suivi de tous les marquis et gentilshommes, vers le théâtre. Il se retourne et appelle.

Viens, Valvert !

CHRISTIAN, *qui les écoute et les observe, tressaille en entendant ce nom.*

Le vicomte !
Ah ! je vais lui jeter à la face mon[3]...

Il met la main dans sa poche, et y rencontre celle d'un tire-laine en train de le dévaliser. Il se retourne.

Hein ?

LE TIRE-LAINE

Hay !...

CHRISTIAN, *sans le lâcher.*

Je cherchais un gant !

LE TIRE-LAINE, *avec un sourire piteux[4].*

Vous trouvez une main.

Changeant de ton, bas et vite.

Lâchez-moi. Je vous livre un secret.

Notes

1. **Flandres** : actuels Pays-Bas qui appartenaient alors aux Espagnols ; allusion à la guerre de Trente Ans (1618-1648), un conflit dans lequel la France s'engage en 1635.

2. Les membres de la noblesse pouvaient prendre place dans des fauteuils installés sur les côtés de la scène.

3. En jetant l'un de ses propres gants, on pouvait défier en duel un adversaire.

4. ***piteux*** : montrant qu'il est en mauvaise posture.

CHRISTIAN, *le tenant toujours.*

Quel ?

LE TIRE-LAINE

Lignière…

Qui vous quitte…

CHRISTIAN, *de même.*

Eh ! bien ?

LE TIRE-LAINE

… touche à son heure dernière.

Une chanson qu'il fit blessa quelqu'un de grand,
Et cent hommes – j'en suis – ce soir sont postés !…

CHRISTIAN

Cent !

Par qui ?

LE TIRE-LAINE

Discrétion…

CHRISTIAN, *haussant les épaules.*

Oh !

LE TIRE-LAINE, *avec beaucoup de dignité.*

Professionnelle !

CHRISTIAN

Où seront-ils postés ?

LE TIRE-LAINE

À la porte de Nesle.

Sur son chemin. Prévenez-le !

CHRISTIAN, *qui lui lâche enfin le poignet.*

Mais où le voir ?

LE TIRE-LAINE

Allez courir tous les cabarets : *le Pressoir*
D'Or, la Pomme de Pin, la Ceinture qui craque,
Les Deux Torches, les Trois Entonnoirs, – et dans chaque,
Laissez un petit mot d'écrit l'avertissant.

CHRISTIAN

Oui, je cours ! Ah ! les gueux[1] ! Contre un seul homme, cent !

Regardant Roxane avec amour.

La quitter… elle !

(Avec fureur, Valvert.)

Et lui !… – Mais il faut que je sauve

Lignière !…

Il sort en courant. De Guiche, le vicomte, les marquis, tous les gentilshommes ont disparu derrière le rideau pour prendre place sur les banquettes de la scène. Le parterre est complètement rempli. Plus une place vide aux galeries et aux loges.

LA SALLE

Commencez !

UN BOURGEOIS, *dont la perruque s'envole au bout d'une ficelle, pêchée par un page de la galerie supérieure.*

Ma perruque !

CRIS DE JOIE

Il est chauve !

Bravo, les pages !… Ha ! ha ! ha !…

LE BOURGEOIS, *furieux, montrant le poing.*

Petit gredin !

RIRES ET CRIS, *qui commencent très fort et vont décroissant.*

HA ! HA ! ah ! ah ! ah ! ah !

Silence complet.

LE BRET, *étonné.*

Ce silence soudain ?…

Un spectateur lui parle bas.

Ah ?…

LE SPECTATEUR

La chose me vient d'être certifiée.

Note

1. **gueux** : misérables.

MURMURES, *qui courent.*

Chut! – Il paraît?… – Non!… – Si! – Dans la loge grillée[1].
– Le Cardinal[2]! – Le Cardinal? – Le Cardinal!

UN PAGE

Ah! diable, on ne va pas pouvoir se tenir mal!…

On frappe sur la scène. Tout le monde s'immobilise. Attente.

LA VOIX D'UN MARQUIS, *dans le silence, derrière le rideau.*

Mouchez[3] cette chandelle!

UN AUTRE MARQUIS, *passant la tête par la fente du rideau.*

Une chaise!

Une chaise est passée, de main en main, au-dessus des têtes. Le marquis la prend et disparaît, non sans avoir envoyé quelques baisers aux loges.

UN SPECTATEUR

Silence!

On refrappe les trois coups. Le rideau s'ouvre. Tableau[4]. Les marquis assis sur les côtés, dans des poses insolentes. Toile de fond représentant un décor bleuâtre de pastorale[5]. Quatre petits lustres de cristal éclairent la scène. Les violons jouent doucement.

LE BRET, *à Ragueneau, bas.*

Montfleury entre en scène?

RAGUENEAU, *bas aussi.*

Oui, c'est lui qui commence.

LE BRET

Cyrano n'est pas là.

Notes

1. loge grillée : loge dans laquelle les spectateurs sont dissimulés derrière une grille.

2. Il s'agit du cardinal de Richelieu.

3. Mouchez : éteignez en l'étouffant.

4. *Tableau* : ici, scène dans laquelle les personnages restent immobiles comme sur un tableau.

5. *pastorale* : genre théâtral à la mode au XVIIe siècle représentant des histoires d'amour avec des bergers. *La Clorise* est une pastorale.

RAGUENEAU

J'ai perdu mon pari.

LE BRET

Tant mieux ! tant mieux !

On entend un air de musette[1], et Montfleury paraît en scène, énorme, dans un costume de berger de pastorale, un chapeau garni de roses penché sur l'oreille, et soufflant dans une cornemuse[2] enrubannée.

LE PARTERRE, *applaudissant.*

Bravo, Montfleury ! Montfleury !

MONTFLEURY, *après avoir salué, jouant le rôle de Phédon.*

« Heureux qui loin des cours, dans un lieu solitaire,
Se prescrit[3] à soi-même un exil volontaire,
Et qui, lorsque Zéphire[4] a soufflé sur les bois… »

UNE VOIX, *au milieu du parterre.*

Coquin, ne t'ai-je pas interdit pour un mois ?

Stupeur. Tout le monde se retourne. Murmures.

VOIX DIVERSES

Hein ? – Quoi ? – Qu'est-ce ?…

On se lève dans les loges, pour voir.

CUIGY

C'est lui !

LE BRET, *terrifié.*

Cyrano !

LA VOIX

Roi des [pitres,
Hors de scène à l'instant !

Notes

1. ***musette*** : air joué par les bergers.
2. ***cornemuse*** : instrument de musique à vent joué par les bergers.
3. ***Se prescrit*** : s'ordonne.
4. ***Zéphire*** : Zéphyr, vent léger personnifié dans la mythologie grecque.

TOUTE LA SALLE, *indignée.*

Oh!

MONTFLEURY

Mais…

LA VOIX

Tu récalcitres[1]?

VOIX DIVERSES, *du parterre, des loges.*

Chut! – Assez! – Montfleury, jouez! – Ne craignez rien!…

MONTFLEURY, *d'une voix mal assurée.*

« Heureux qui loin des cours dans un lieu sol… »

LA VOIX, *plus menaçante.*

Eh bien?

Faudra-t-il que je fasse, ô Monarque des drôles[2],
Une plantation de bois sur vos épaules?

Une canne au bout d'un bras jaillit au-dessus des têtes.

MONTFLEURY, *d'une voix de plus en plus faible.*

« Heureux qui… »

La canne s'agite.

LA VOIX

Sortez!

LE PARTERRE

Oh!

MONTFLEURY, *s'étranglant.*

« Heureux qui loin des cours… »

CYRANO, *surgissant du parterre, debout sur une chaise, les bras croisés, le feutre en bataille, la moustache hérissée, le nez terrible.*

Ah! je vais me fâcher!…

Sensation à sa vue.

Notes

1. Tu récalcitres : tu persistes malgré mon interdiction.

2. Monarque des drôles : roi des gens méprisables et qui prêtent à rire.

SCÈNE 4

LES MÊMES, CYRANO, *puis* BELLEROSE, JODELET

MONTFLEURY, *aux marquis.*

Venez à mon secours,
Messieurs !

UN MARQUIS, *nonchalamment*[1].

Mais jouez donc !

CYRANO

Gros homme, si tu joues,
Je vais être obligé de te fesser les joues !

LE MARQUIS

Assez !

CYRANO

Que les marquis se taisent sur leurs bancs,
Ou bien je fais tâter ma canne à leurs rubans !

TOUS LES MARQUIS, *debout.*

C'en est trop !... Montfleury...

CYRANO

Que Montfleury s'en aille,
Ou bien je l'essorille[2] et le désentripaille[3] !

UNE VOIX

Mais...

CYRANO

Qu'il sorte !

UNE AUTRE VOIX

Pourtant...

Notes

1. ***nonchalamment*** : sans énergie.
2. **je l'essorille** : je lui coupe les oreilles.
3. **le désentripaille** : lui retire les tripes (néologisme).

CYRANO

Ce n'est pas encor fait ?

Avec le geste de retrousser ses manches.

Bon ! je vais sur la scène en guise de buffet,
Découper cette mortadelle[1] d'Italie !

MONTFLEURY, *rassemblant toute sa dignité.*

En m'insultant, Monsieur, vous insultez Thalie[2] !

CYRANO, *très poli.*

Si cette Muse[3], à qui, Monsieur, vous n'êtes rien,
Avait l'honneur de vous connaître, croyez bien
Qu'en vous voyant si gros et bête comme une urne[4],
Elle vous flanquerait quelque part son cothurne[5].

LE PARTERRE

Montfleury ! – Montfleury ! – La pièce de Baro[6] ! –

CYRANO, *à ceux qui crient autour de lui.*

Je vous en prie, ayez pitié de mon fourreau[7] :
Si vous continuez, il va rendre sa lame[8] !

Le cercle s'élargit.

LA FOULE, *reculant.*

Hé ! là !...

CYRANO, *à Montfleury.*

Sortez de scène !

LA FOULE, *se rapprochant et grondant.*

Oh ! oh !

Notes

1. **mortadelle** : sorte de charcuterie.
2. **Thalie** : dans la mythologie grecque, muse de la Comédie.
3. **Muse** : divinité grecque antique protectrice des Arts.
4. **urne** : sorte de vase.
5. **cothurne** : sorte de botte à haut talon portée par les comédiens dans l'Antiquité.
6. Balthazar Baro (1596-1650), auteur de théâtre, notamment de *La Clorise*.
7. **fourreau** : étui dans lequel est glissée la lame de l'épée.
8. **rendre sa lame** : jeu de mots avec l'expression *rendre l'âme* qui signifie « mourir ».

CYRANO, *se retournant vivement.*

Quelqu'un réclame ?

Nouveau recul.

[Cyrano persiste à interdire à Monfleury de paraître. Il a le dernier mot en lançant une bourse pour dédommager spectateurs et comédiens.]

On commence à sortir, pendant que Cyrano regarde d'un air satisfait. Mais la foule s'arrête bientôt en entendant la scène suivante, et la sortie cesse. Les femmes qui, dans les loges, étaient déjà debout, leur manteau remis, s'arrêtent pour écouter et finissent par se rasseoir.

LE BRET, *à Cyrano.*

C'est fou !…

UN FÂCHEUX[1], *qui s'est approché de Cyrano.*

Le comédien Montfleury ! quel scandale !
Mais il est protégé par le duc de Candale !
Avez-vous un patron[2] ?

CYRANO

Non !

LE FÂCHEUX

Vous n'avez pas ?…

CYRANO

Non !

LE FÂCHEUX

Quoi, pas un grand seigneur pour couvrir de son nom ?…

CYRANO, *agacé.*

Non, ai-je dit deux fois. Faut-il donc que je trisse[3] ?
Non pas de protecteur…

Notes

1. **fâcheux** : personne qui vient déranger. Ce type de personnage est l'objet d'une comédie-ballet de Molière (1661).

2. **patron** : protecteur.

3. **je trisse** : je triple.

La main à son épée.

mais une protectrice !

LE FÂCHEUX

Mais vous allez quitter la ville ?

CYRANO

C'est selon.

LE FÂCHEUX

Mais le duc de Candale a le bras long !

CYRANO

Moins long

Que n'est le mien...

Montrant son épée.

quand je lui mets cette rallonge !

LE FÂCHEUX

Mais vous ne songez pas à prétendre...

CYRANO

J'y songe.

LE FÂCHEUX

Mais...

CYRANO

Tournez les talons, maintenant.

LE FÂCHEUX

Mais...

CYRANO

Tournez !

– Ou dites-moi pourquoi vous regardez mon nez.

LE FÂCHEUX, *ahuri.*

Je...

CYRANO, *marchant sur lui.*

Qu'a-t-il d'étonnant ?

LE FÂCHEUX, *reculant.*

Votre Grâce se trompe…

CYRANO

Est-il mol[1] et ballant[2], monsieur, comme une trompe…

LE FÂCHEUX, *même jeu.*

Je n'ai pas…

CYRANO

Ou crochu comme un bec de hibou ?

LE FÂCHEUX

Je…

CYRANO

Y distingue-t-on une verrue au bout ?

LE FÂCHEUX

Mais…

CYRANO

Ou si quelque mouche, à pas lents, s'y promène ?
Qu'a-t-il d'hétéroclite ?

LE FÂCHEUX

Oh !…

CYRANO

Est-ce un phénomène ?

LE FÂCHEUX

Mais d'y porter les yeux, j'avais su me garder !

CYRANO

Et pourquoi, s'il vous plaît, ne pas le regarder ?

LE FÂCHEUX

J'avais…

CYRANO

Il vous dégoûte alors ?

Notes

1. **mol** : mou (devant un mot commençant par une voyelle).

2. **ballant** : qui se balance.

LE FÂCHEUX

Monsieur…

CYRANO

Malsaine
Vous semble sa couleur ?

LE FÂCHEUX

Monsieur !

CYRANO

Sa forme, obscène ?

LE FÂCHEUX

Mais du tout !…

CYRANO

Pourquoi donc prendre un air dénigrant[1] ?
– Peut-être que monsieur le trouve un peu trop grand ?

LE FÂCHEUX, *balbutiant.*

Je le trouve petit, tout petit, minuscule !

CYRANO

Hein ? comment ? m'accuser d'un pareil ridicule ?
Petit, mon nez ? Holà !

LE FÂCHEUX

Ciel !

CYRANO

Énorme, mon nez !
– Vil camus[2], sot camard[3], tête plate[4], apprenez
Que je m'enorgueillis[5] d'un pareil appendice[6],
Attendu[7] qu'un grand nez est proprement l'indice

Notes

1. **dénigrant** : critique.
2. **Vil camus** : mauvais personnage au nez écrasé.
3. **camard** : qui a le nez plat.
4. Cyrano nomme ainsi le Fâcheux.
5. **je m'enorgueillis** : je suis fier.
6. **appendice** : prolongement qui semble ajouté.
7. **Attendu** : étant donné.

D'un homme affable[1], bon, courtois[2], spirituel,
Libéral[3], courageux, tel que je suis, et tel
Qu'il vous est interdit à jamais de vous croire,
Déplorable maraud[4] ! car la face sans gloire
Que va chercher ma main en haut de votre col[5]
Est aussi dénuée…

Il le soufflette.

LE FÂCHEUX

Ay !

CYRANO

De fierté, d'envol,
De lyrisme, de pittoresque, d'étincelle,
De somptuosité, de Nez enfin, que celle…

Il le retourne par les épaules, joignant le geste à la parole.

Que va chercher ma botte au bas de votre dos !

LE FÂCHEUX, *se sauvant.*

Au secours ! À la garde[6] !

CYRANO

Avis donc aux badauds[7]
Qui trouveraient plaisant mon milieu de visage,
Et si le plaisantin est noble, mon usage
Est de lui mettre, avant de le laisser s'enfuir,
Par-devant, et plus haut, du fer, et non du cuir[8] !

DE GUICHE, *qui est descendu de la scène, avec les marquis.*

Mais, à la fin, il nous ennuie !

Notes

1. **affable** : aimable.
2. **courtois** : poli.
3. **Libéral** : généreux.
4. **maraud** : vaurien.
5. **col** : cou.
6. Le Fâcheux appelle la garde comme on demande, aujourd'hui, à la police d'intervenir.
7. **badauds** : curieux.
8. Le cuir de la botte frappera les moqueurs non nobles, et le fer de l'épée les membres de la noblesse.

LE VICOMTE DE VALVERT, *haussant les épaules.*

Il fanfaronne[1] !

DE GUICHE

Personne ne va donc lui répondre ?…

LE VICOMTE

Personne ?
Attendez ! Je vais lui lancer un de ces traits[2] !…

Il s'avance vers Cyrano qui l'observe, et se campant devant lui d'un air fat[3].

Vous…. vous avez un nez… heu… un nez… très grand.

CYRANO, *gravement.*

Très.

LE VICOMTE, *riant.*

Ha !

CYRANO, *imperturbable.*

C'est tout ?…

LE VICOMTE

Mais…

CYRANO

Ah ! non ! c'est un peu court,
[jeune homme !
On pouvait dire… Oh ! Dieu !… bien des choses en somme…
En variant le ton, – par exemple, tenez :
Agressif : « Moi, monsieur, si j'avais un tel nez,
Il faudrait sur-le-champ que je me l'amputasse ! »
Amical : « Mais il doit tremper dans votre tasse !
Pour boire, faites-vous fabriquer un hanap[4] ! »
Descriptif : « C'est un roc ! c'est un pic ! c'est un cap !
Que dis-je, c'est un cap ?… C'est une péninsule ! »

Notes

1. **Il fanfaronne** : il se vante.
2. **traits** : moqueries.
3. ***fat*** : prétentieux.
4. **hanap** : grand vase.

Curieux : « De quoi sert cette oblongue[1] capsule ?
D'écritoire[2], monsieur, ou de boîtes à ciseaux ? »
Gracieux[3] : « Aimez-vous à ce point les oiseaux
Que paternellement vous vous préoccupâtes
De tendre ce perchoir à leurs petites pattes ? »
Truculent[4] : « Ça, monsieur, lorsque vous pétunez[5],
La vapeur du tabac vous sort-elle du nez
Sans qu'un voisin ne crie[6] au feu de cheminée ? »
Prévenant[7] : « Gardez-vous, votre tête entraînée
Par ce poids, de tomber en avant sur le sol ! »
Tendre : « Faites-lui faire un petit parasol
De peur que sa couleur au soleil ne se fane ! »
Pédant[8] : « L'animal seul, monsieur, qu'Aristophane[9]
Appelle Hippocampéléphantocamélos[10]
Dut avoir sous le front tant de chair sur tant d'os ! »
Cavalier[11] : « Quoi, l'ami, ce croc[12] est à la mode ?
Pour pendre son chapeau, c'est vraiment très commode ! »
Emphatique[13] : « Aucun vent ne peut, nez magistral[14],
T'enrhumer tout entier, excepté le mistral[15] ! »
Dramatique : « C'est la mer Rouge quand il saigne ! »
Admiratif : « Pour un parfumeur, quelle enseigne ! »

Notes

1. **oblongue** : de forme allongée.
2. **écritoire** : boîte où l'on range le nécessaire pour écrire.
3. **Gracieux** : aimable.
4. **Truculent** : sauvage, menaçant.
5. **vous pétunez** : vous fumez (*pétun* signifie « tabac »).
6. **ne crie** : crie.
7. **Prévenant** : attentif aux souhaits des autres.
8. **Pédant** : prétentieux, étalant son savoir.
9. Aristophane (V^{e}-IVe s. av. J.-C.) est un auteur grec de comédies.
10. **Hippocampéléphantocamélos** : nom d'un animal imaginé par Rostand à partir de noms d'animaux connus.
11. **Cavalier** : à l'aise comme un homme à cheval.
12. **croc** : crochet.
13. **Emphatique** : sur un ton particulièrement expressif.
14. **magistral** : très important et impressionnant.
15. **mistral** : vent puissant qui souffle dans la région de Marseille.

Lyrique[1] : « Est-ce une conque[2], êtes-vous un triton[3] ? »
Naïf : « Ce monument, quand le visite-t-on ? »
Respectueux : « Souffrez[4], monsieur, qu'on vous salue,
C'est là ce qui s'appelle avoir pignon sur rue[5] ! »
Campagnard : « Hé, ardé ! C'est-y un nez ? Nanain[6] !
C'est queuqu'navet géant ou ben queuqu'melon nain ! »
Militaire : « Pointez contre cavalerie ! »
Pratique : « Voulez-vous le mettre en loterie ?
Assurément, monsieur, ce sera le gros lot ! »
Enfin, parodiant Pyrame[7] en un sanglot :
« Le voilà donc ce nez qui des traits de son maître
A détruit l'harmonie ! Il en rougit, le traître ! »
– Voilà ce qu'à peu près, mon cher, vous m'auriez dit
Si vous aviez un peu de lettres[8] et d'esprit :
Mais d'esprit, ô le plus lamentable des êtres,
Vous n'en eûtes jamais un atome, et de lettres
Vous n'avez que les trois qui forment le mot : sot !
Eussiez-vous[9] eu, d'ailleurs, l'invention qu'il faut
Pour pouvoir là, devant ces nobles galeries,
Me servir toutes ces folles plaisanteries,
Que vous n'en eussiez pas articulé le quart
De la moitié du commencement d'une, car
Je me les sers moi-même, avec assez de verve[10],
Mais je ne permets pas qu'un autre me les serve.

Notes

1. Lyrique : chargé d'émotion.
2. conque : grand coquillage.
3. triton : divinité de la mythologie grecque qui souffle dans des conques.
4. Souffrez : acceptez.
5. avoir pignon sur rue : au sens propre, « avoir une maison en ville dont la façade est remarquable » ; au sens figuré, l'expression signifie que l'on occupe une place sociale importante.
6. Nanain : pas du tout.
7. Pyrame : allusion à une tragédie de Théophile de Viau, célèbre à l'époque.
8. lettres : culture.
9. Eussiez-vous : auriez-vous (mode conditionnel, passé 2e forme).
10. verve : aisance dans l'utilisation du langage.

DE GUICHE, *voulant emmener le vicomte pétrifié*[1].

Vicomte, laissez donc !

LE VICOMTE, *suffoqué*[2].

Ces grands airs arrogants[3] !
Un hobereau[4] qui… qui… n'a même pas de gants !
Et qui sort sans rubans, sans bouffettes[5], sans ganses[6] !

CYRANO

Moi, c'est moralement que j'ai mes élégances.
Je ne m'attife pas[7] ainsi qu'un freluquet[8],
Mais je suis plus soigné si je suis moins coquet ;
Je ne sortirais pas avec, par négligence[9],
Un affront[10] pas très bien lavé, la conscience
Jaune encor[11] de sommeil dans le coin de son œil,
Un honneur chiffonné, des scrupules en deuil.
Mais je marche sans rien sur moi qui ne reluise,
Empanaché d'indépendance et de franchise ;
Ce n'est pas une taille avantageuse, c'est
Mon âme que je cambre ainsi qu'en un corset[12],
Et tout couvert d'exploits qu'en rubans je m'attache,
Retroussant mon esprit ainsi qu'une moustache,
Je fais, en traversant les groupes et les ronds[13],
Sonner les vérités comme des éperons[14].

Notes

1. *pétrifié* : figé comme une pierre.
2. *suffoqué* : étouffant.
3. **arrogants** : méprisants.
4. **hobereau** : gentilhomme campagnard de petite noblesse.
5. **bouffettes** : nœuds bouffants.
6. **ganses** : sortes de rubans.
7. **Je ne m'attife pas** : je ne m'habille pas de façon sophistiquée.
8. **freluquet** : jeune homme superficiel.
9. **négligence** : manque de soin, étourderie.
10. **affront** : insulte.
11. **encor** : encore (les règles de versification autorisent cette orthographe).
12. **corset** : vêtement féminin destiné à marquer la taille.
13. **les groupes et les ronds** : les réunions mondaines.
14. **éperons** : lames métalliques à l'arrière des bottes des cavaliers.

LE VICOMTE

Mais, monsieur…

CYRANO

Je n'ai pas de gants ?… La belle affaire !
Il m'en restait un seul… d'une très vieille paire.
Lequel m'était d'ailleurs encor fort importun[1] :
Je l'ai laissé dans la figure de quelqu'un.

LE VICOMTE

Maraud, faquin, butor[2] de pied plat ridicule !

CYRANO, *ôtant son chapeau et saluant comme si le vicomte venait de se présenter.*

Ah ?… Et moi, Cyrano-Savinien-Hercule[3]
De Bergerac.

Rires.

LE VICOMTE, *exaspéré.*

Bouffon !

CYRANO, *poussant un cri comme lorsqu'on est saisi d'une crampe.*

Ay !…

LE VICOMTE, *qui remontait, se retournant.*

Qu'est-ce encor qu'il dit ?

CYRANO, *avec des grimaces de douleur.*

Il faut la remuer car elle s'engourdit…
– Ce que c'est que de la laisser inoccupée ! –
Ay !…

LE VICOMTE

Qu'avez-vous ?

CYRANO

J'ai des fourmis dans mon épée !

Notes

1. **fort importun** : très gênant.
2. **faquin, butor** : vaurien.
3. Ce sont les prénoms du véritable Cyrano.

LE VICOMTE, *tirant la sienne.*

Soit!

CYRANO

Je vais vous donner un petit coup charmant.

LE VICOMTE, *méprisant.*

Poète!

CYRANO

Oui, monsieur, poète! et tellement,
Qu'en ferraillant[1] je vais – hop! – à l'improvisade[2],
Vous composer une ballade.

LE VICOMTE

Une ballade?

CYRANO

Vous ne vous doutez pas de ce que c'est, je crois?

LE VICOMTE

Mais…

CYRANO, *récitant comme une leçon.*

La ballade, donc, se compose de trois
Couplets de huit vers…

LE VICOMTE, *piétinant.*

Oh!

CYRANO, *continuant.*

Et d'un envoi[3] de quatre…

LE VICOMTE

Vous…

CYRANO

Je vais tout ensemble en faire une et me battre,
Et vous toucher, monsieur, au dernier vers.

Notes

1. **ferraillant** : se battant à l'épée.
2. **à l'improvisade** : en improvisant (néologisme).
3. **envoi** : dernière strophe dans certaines formes de poèmes.

Le duel de Cyrano avec le vicomte de Valvert,
dessin d'Adrien Moreau.

LE VICOMTE

Non !

CYRANO

Non ?

Déclamant.

« Ballade du duel qu'en l'hôtel bourguignon
Monsieur de Bergerac eut avec un bélître[1] ! »

LE VICOMTE

Qu'est-ce que c'est que ça, s'il vous plaît ?

CYRANO

C'est le titre.

LA SALLE, *surexcitée au plus haut point.*

Place ! – Très amusant ! – Rangez-vous ! – Pas de bruits !

Tableau. Cercle de curieux au parterre, les marquis et les officiers mêlés aux bourgeois et aux gens du peuple : les pages grimpés sur des épaules pour mieux voir. Toutes les femmes debout dans les loges. À droite, De Guiche et ses gentilshommes. À gauche, Le Bret, Ragueneau, Cuigy, etc.

CYRANO, *fermant une seconde les yeux.*

Attendez !... Je choisis mes rimes... Là, j'y suis.

Il fait ce qu'il dit, à mesure.

Je jette avec grâce mon feutre,
Je fais lentement l'abandon
Du grand manteau qui me calfeutre[2],
Et je tire mon espadon[3].
Élégant comme Céladon[4],
Agile comme Scaramouche[5],

Notes

1. ***bélître*** : homme sans valeur.
2. ***calfeutre*** : tient chaud.
3. ***espadon*** : sabre.
4. ***Céladon*** : jeune homme amoureux dans le célèbre roman précieux d'Honoré d'Urfé : *L'Astré*.
5. Scaramouche est un comédien du Théâtre des Italiens.

Je vous préviens, cher Myrmidon[1],
Qu'à la fin de l'envoi je touche !

Premiers engagements de fer.

Vous auriez bien dû rester neutre ;
Où vais-je vous larder[2]*, dindon ?…*
Dans le flanc, sous votre maheutre[3] *?*
Au cœur, sous votre bleu cordon ?…
– Les coquilles[4] *tintent, ding-don !*
Ma pointe voltige : une mouche !
Décidément… c'est au bedon[5]
Qu'à la fin de l'envoi, je touche.
Il me manque une rime en eutre…
Vous rompez[6]*, plus blanc qu'amidon ?*
C'est pour me fournir le mot pleutre[7] *!*
Tac ! je pare[8] *la pointe*[9] *dont*
Vous espériez me faire don,
J'ouvre la ligne, je la bouche[10],
Tiens bien ta broche, Laridon[11] *!*
À la fin de l'envoi, je touche.

Il annonce solennellement :

ENVOI

Prince, demande à Dieu pardon !
Je quarte[12] *du pied, j'escarmouche*[13],

Notes

1. ***Myrmidon*** : homme de petite taille (à l'origine, peuple de la mythologie grecque).
2. ***larder*** : transpercer comme pour insérer du lard avant la cuisson.
3. ***maheutre*** : manche épaisse.
4. ***coquilles*** : parties des poignées des épées.
5. ***bedon*** : ventre.
6. ***Vous rompez*** : vous reculez.
7. ***pleutre*** : lâche.
8. ***je pare*** : j'évite.
9. ***pointe*** : attaque avec la pointe de l'épée.
10. Il s'agit de positions de l'escrimeur face à son adversaire.
11. ***Laridon*** : dans la fable « L'Éducation » de La Fontaine, chien faisant tourner une broche à rôtir alors que son frère César est un beau chien de chasse.
12. ***Je quarte*** : j'esquive (terme d'escrime).
13. ***j'escarmouche*** : j'attaque par petits assauts.

Je coupe[1], *je feinte*[2]…

Se fendant[3].

Hé ! là, donc !

Le vicomte chancelle[4] ; *Cyrano salue.*

À la fin de l'envoi, je touche.

Acclamations. Applaudissements dans les loges. Des fleurs et des mouchoirs tombent. Les officiers entourent et félicitent Cyrano. Ragueneau danse d'enthousiasme. Le Bret est heureux et navré. Les amis du vicomte le soutiennent et l'emmènent.

[…]

Cyrano (Coquelin aîné) face au vicomte (Armand Gérard) en 1900.

Notes

1. ***Je coupe*** : j'attaque (épée à l'horizontale).
2. ***je feinte*** : je fais semblant.
3. ***Se fendant*** : avançant brusquement la jambe droite.
4. ***chancelle*** : perd l'équilibre, manque de tomber.

« Vous avez un nez... »

Questions sur la scène 4 de l'acte I (v. 289 à 389, pp. 39 à 45)

Que s'est-il passé entre-temps ?

1. Dans quel lieu se déroule le premier acte ?
2. Où sont installés les marquis ?
3. De qui Christian de Neuvillette est-il amoureux ?
4. À qui Cyrano de Bergerac s'en prend-il quand il se manifeste pour la première fois ?
5. Associez à chaque personnage l'expression qui le concerne.

« Une pêche / Qui sourirait avec une fraise » •	• Cyrano
« le plus exquis des êtres sublunaires » •	• Montfleury
« un bon soldat timide » •	• Roxane
« Cette mortadelle d'Italie » •	• Christian

Avez-vous bien lu ?

6. Quels sont, dans l'extrait, les interlocuteurs successifs de Cyrano ? Quel personnage parle mais ne s'adresse pas à Cyrano ?

Le portrait de Cyrano

La parole au théâtre

- **Réplique :** parole d'un personnage.
- **Tirade :** longue réplique.
- **Monologue :** discours d'un personnage seul sur scène.

7 Relevez les deux périphrases* qui désignent le nez de Cyrano dans les vers 290 à 306. Pourquoi, selon vous, Edmond Rostand a-t-il recours à ce procédé?

8 Relevez, dans les vers 292 à 298, ce que, selon Cyrano, son nez révèle de son caractère. Quelle est la fonction des adjectifs* employés pour exprimer sa personnalité? Vous semblent-ils convenir pour qualifier le personnage tel qu'il nous apparaît dans ce passage?

9 Comment Cyrano se comporte-t-il envers ses interlocuteurs? Examinez, notamment, les didascalies*.

10 Relevez, dans l'extrait, les expressions que Cyrano emploie pour qualifier le Fâcheux (trois expressions) et le Vicomte (deux expressions). Quelle différence observez-vous entre ces expressions employées pour l'un et pour l'autre? Que nous apprennent-elles sur le caractère du héros?

*** *périphrases* :** groupes de mots employés pour remplacer un simple terme.

*** *fonction des adjectifs* :** l'adjectif est soit épithète du nom (directement lié au nom), soit attribut du sujet (relié au nom par un verbe), soit apposé (détaché du nom par une virgule).

*** *didascalies* :** indications destinées à la mise en scène (ton, mouvement...).

11 Expliquez le vers 368 *(« Moi, c'est moralement que j'ai mes élégances »)* en vous aidant de la suite de la tirade.

12 Rapprochez le vers 376 *(« Empanaché d'indépendance et de franchise »)* du dernier vers de la pièce *(« Mon panache »)*. Quelle facette de la personnalité de Cyrano est ainsi éclairée?

Un héros mis en valeur

La mise en valeur d'un personnage

• Le personnage est lui-même remarquable : aspect physique, mouvements, art de parler…
• Le personnage est d'autant plus marquant que ses interlocuteurs sont différents de lui.

13 Comment évolue le Vicomte au fil du passage ? Appuyez-vous sur ses répliques et sur les didascalies qui les accompagnent. À votre avis, quel effet produit ce personnage sur les spectateurs ?

14 Quelle est l'attitude des autres personnages envers Cyrano ?

15 Comment Edmond Rostand met-il en valeur son héros dans cette scène ? Appuyez-vous, notamment, sur vos réponses aux questions précédentes.

La tirade du nez : un morceau de bravoure

Lexique du théâtre

• **Morceau de bravoure :** passage (en général, une tirade) de la pièce particulièrement travaillé et brillant.
• **Théâtre dans le théâtre :** procédé selon lequel le comédien joue un personnage qui lui-même joue un ou plusieurs rôles.

16 Quelles sont les intentions de Cyrano dans cette tirade ? Quelles sont les deux grandes étapes de son discours ? Comment se fait l'articulation entre ces deux parties ?

17 En utilisant, si nécessaire, un dictionnaire, relevez, dans la tirade de Cyrano (v. 311 à 349), un ou plusieurs synonymes de chacun des adjectifs ou groupes adjectivaux suivants : *exagérément, éloquent, crédule, pragmatique, aimable, prétentieux, attentif aux autres, désinvolte, avide de connaissances, querelleur.*

18 En quoi peut-on parler de « théâtre dans le théâtre » quand on évoque la première partie de la tirade ?

Quelques procédés utilisés dans la tirade

- **Interrogation rhétorique :** question qui n'attend pas de réponse.
- **Gradation :** succession de mots de plus en plus forts.
- **Métaphore :** comparaison sans outil comparatif *(comme, pareil à…)*; ex. : *Le lac était comme un divin miroir* (comparaison) ; *le lac, divin miroir* (métaphore).
- **Néologisme :** mot inventé.
- **Hyperbole :** exagération.

19 Montrez que la tirade est un « morceau de bravoure » en identifiant au moins quatre procédés de style.

Lire l'image

20 Comment le metteur en scène montre-t-il que Valvert (le personnage de droite, au premier plan) appartient à la haute société (p. 50).

21 Qu'exprime, selon vous, l'attitude de Cyrano (p. 50).

22 Comparez (ressemblances et différences) l'image de la page 50 à celle de la mise en scène de Denis Podalydès (document 1 au dos de la couverture).

À vos plumes !

23 En « variant le ton » comme Cyrano dans sa célèbre tirade, rédigez, en prose ou en vers, le portrait d'un personnage imaginaire ayant un grand front ou de grandes oreilles.

SCÈNE 5

CYRANO, LE BRET, *puis* LE PORTIER

CYRANO, *à Le Bret.*

Je t'écoute causer.

Il s'installe devant le buffet et rangeant devant lui le macaron.

Dîner !

… le verre d'eau.

Boisson !

… le grain de raisin.

Dessert !

Il s'assied.

Là, je me mets à table !
– Ah !… j'avais une faim, mon cher, épouvantable !

Mangeant.

– Tu disais ?

LE BRET

Que ces fats aux grands airs belliqueux[1]
Te fausseront l'esprit si tu n'écoutes qu'eux !…
Va consulter des gens de bon sens, et t'informe[2]
De l'effet qu'a produit ton algarade[3].

CYRANO, *achevant son macaron.*

Énorme.

LE BRET

Le Cardinal…

CYRANO, *s'épanouissant.*

Il était là, le Cardinal ?

Notes

1. **belliqueux** : agressifs.
2. **t'informe** : informe-toi.
3. **algarade** : brusque querelle.

LE BRET

A dû trouver cela…

CYRANO

Mais très original.

LE BRET

Pourtant…

CYRANO

C'est un auteur[1]. Il ne peut lui déplaire
Que l'on vienne troubler la pièce d'un confrère.

LE BRET

Tu te mets sur les bras, vraiment, trop d'ennemis !

CYRANO, *attaquant son grain de raisin.*

Combien puis-je, à peu près, ce soir, m'en être mis ?

LE BRET

Quarante-huit. Sans compter les femmes.

CYRANO

Voyons, compte !

LE BRET

Montfleury, le bourgeois, De Guiche, le vicomte,
Baro, l'Académie…

CYRANO

Assez ! tu me ravis !

LE BRET

Mais où te mènera la façon dont tu vis ?
Quel système est le tien ?

Note

1. Le cardinal de Richelieu était connu pour apprécier le théâtre.

CYRANO

J'errais dans un méandre[1];
J'avais trop de partis[2], trop compliqués, à prendre;
J'ai pris…

LE BRET

Lequel?

CYRANO

Mais le plus simple, de beaucoup.
J'ai décidé d'être admirable, en tout, pour tout!

LE BRET, *haussant les épaules.*

Soit! – Mais enfin, à moi, le motif de ta haine
Pour Montfleury, le vrai, dis-le-moi!

CYRANO, *se levant.*

Ce Silène[3],
Si ventru que son doigt n'atteint pas son nombril,
Pour les femmes encor se croit un doux péril[4],
Et leur fait, cependant qu'en jouant il bredouille,
Des yeux de carpe avec ses gros yeux de grenouille!…
Et je le hais depuis qu'il se permit, un soir,
De poser son regard sur celle… Oh! j'ai cru voir
Glisser sur une fleur une longue limace!

LE BRET, *stupéfait.*

Hein? Comment? Serait-il possible?…

CYRANO, *avec un rire amer.*

Que j'aimasse?

Changement de ton et gravement.

J'aime.

Notes

1. **méandre** : situation complexe; au sens propre, le mot désigne la sinuosité d'un cours d'eau.
2. **partis** : possibilités, choix.
3. **Silène** : demi-dieu obèse et toujours ivre dans la mythologie grecque.
4. **péril** : danger.

LE BRET

Et peut-on savoir ? Tu ne m'as jamais dit ?…

CYRANO

Qui j'aime ?… Réfléchis, voyons. Il m'interdit
Le rêve d'être aimé même par une laide,
Ce nez qui d'un quart d'heure en tous lieux me précède ;
Alors, moi, j'aime qui ?… Mais cela va de soi !
J'aime… mais c'est forcé !… la plus belle qui soit !

LE BRET

La plus belle ?…

CYRANO

Tout simplement, qui soit au monde !
La plus brillante, la plus fine.

Avec accablement[1].

La plus blonde !

LE BRET

Eh ! mon Dieu, quelle est donc cette femme ?…

CYRANO

Un danger
Mortel sans le vouloir, exquis sans y songer,
Un piège de nature, une rose muscade[2]
Dans laquelle l'amour se tient en embuscade !
Qui connaît son sourire a connu le parfait.
Elle fait de la grâce avec rien, elle fait
Tenir tout le divin dans un geste quelconque,
Et tu ne saurais pas, Vénus[3], monter en conque,
Ni toi, Diane[4], marcher dans les grands bois fleuris,
Comme elle monte en chaise[5] et marche dans Paris !

Notes

1. ***Avec accablement*** : sur un ton découragé.
2. **rose muscade** : sorte de rose rouge.
3. **Vénus** : déesse romaine antique de la Beauté ; elle est souvent représentée comme naissant de la mer dans une grande coquille.
4. **Diane** : déesse romaine antique de la Chasse.
5. **chaise** : chaise à porteurs.

LE BRET

Sapristi ! Je comprends. C'est clair !

CYRANO

C'est diaphane[1].

LE BRET

Magdeleine Robin, ta cousine ?

CYRANO

Oui. – Roxane.

LE BRET

Eh bien ! mais c'est au mieux ! Tu l'aimes ? Dis-le-lui !
Tu t'es couvert de gloire à ses yeux aujourd'hui !

CYRANO

Regarde-moi, mon cher, et dis quelle espérance
Pourrait bien me laisser cette protubérance[2] !
Oh ! je ne me fais pas d'illusions ! – Parbleu[3],
Oui, quelquefois, je m'attendris, dans le soir bleu ;
J'entre en quelque jardin où l'heure se parfume ;
Avec mon pauvre grand diable de nez je hume[4]
L'avril ; je suis des yeux, sous un rayon d'argent,
Au bras d'un cavalier, quelque femme, en songeant
Que pour marcher, à petits pas, dans de la lune,
Aussi moi j'aimerais au bras en avoir une,
Je m'exalte[5], j'oublie... et j'aperçois soudain
L'ombre de mon profil sur le mur du jardin !

LE BRET, *ému.*

Mon ami !...

Notes

1. **diaphane :** qui laisse filtrer la lumière.
2. **protubérance :** excroissance.
3. **Parbleu :** bien évidemment.
4. **je hume :** je respire.
5. **Je m'exalte :** je m'enthousiasme.

CYRANO

Mon ami, j'ai de mauvaises heures[1] !
De me sentir si laid, parfois, tout seul…

LE BRET, *vivement, lui prenant la main.*

Tu pleures ?

CYRANO

Ah ! non, cela, jamais ! Non, ce serait trop laid,
Si le long de ce nez une larme coulait !
Je ne laisserai pas, tant que j'en serai maître,
La divine beauté des larmes se commettre[2]
Avec tant de laideur grossière ! Vois-tu bien,
Les larmes, il n'est rien de plus sublime, rien,
Et je ne voudrais pas qu'excitant la risée[3],
Une seule, par moi, fut ridiculisée !…

LE BRET

Va, ne t'attriste pas ! L'amour n'est que hasard !

CYRANO, *secouant la tête.*

Non ! J'aime Cléopâtre : ai-je l'air d'un César ?
J'adore Bérénice : ai-je l'aspect d'un Tite[4] ?

LE BRET

Mais ton courage ! ton esprit ! – Cette petite
Qui t'offrait là, tantôt, ce modeste repas[5],
Ses yeux, tu l'as bien vu, ne te détestaient pas !

CYRANO, *saisi.*

C'est vrai !

Notes

1. **j'ai de mauvaises heures** : je passe de mauvais moments.
2. **se commettre** : se compromettre.
3. **la risée** : les rires moqueurs.
4. César et Titus sont deux empereurs romains dont les amours respectives pour la reine d'Égypte (Cléopâtre) et celle de Palestine (Bérénice) sont restées célèbres.
5. Dans le passage coupé à la fin de la scène 4, une jeune femme, « *la Distributrice* », a offert un repas à Cyrano.

LE BRET

Eh bien ! alors ?... Mais, Roxane, elle-même,
Toute blême[1] a suivi ton duel !...

CYRANO

Toute blême ?

LE BRET

Son cœur et son esprit déjà sont étonnés[2] !
Ose et lui parle, afin...

CYRANO

Qu'elle me rie au nez ?
Non ! – C'est la seule chose au monde que je craigne !

LE PORTIER, *introduisant quelqu'un, à Cyrano.*

Monsieur, on vous demande...

CYRANO, *voyant la duègne.*

Ah ! mon Dieu ! Sa duègne !

SCÈNE 6

CYRANO, LE BRET, LA DUÈGNE

LA DUÈGNE, *avec un grand salut.*

De son vaillant cousin on[3] désire savoir
Où l'on peut, en secret, le voir.

CYRANO, *bouleversé.*

Me voir ?

LA DUÈGNE, *avec une révérence.*

Vous voir.

– On a des choses à vous dire.

Notes

1. **Blême** : pâle.

2. **étonnés** : surpris, littéralement comme frappés par le tonnerre.

3. Le pronom indéfini « *on* » désigne Roxane.

CYRANO

Des ?...

LA DUÈGNE, *nouvelle révérence.*

Des choses !

CYRANO, *chancelant.*

Ah ! mon Dieu !

LA DUÈGNE

L'on ira, demain, aux primes roses[1]
D'aurore, – ouïr[2] la messe à Saint-Roch.

CYRANO, *se soutenant sur Le Bret.*

Ah ! mon Dieu !

LA DUÈGNE

En sortant, où peut-on entrer, causer un peu ?

CYRANO, *affolé.*

Où ?... Je... Mais... Ah ! mon Dieu !...

LA DUÈGNE

Dites vite.

CYRANO

Je cherche !

LA DUÈGNE

Où ?...

CYRANO

Chez... chez... Ragueneau... le pâtissier...

LA DUÈGNE

Il perche[3] ?

CYRANO

Dans la rue – Ah ! mon Dieu, mon Dieu ! – Saint-Honoré !

Notes

1. **aux primes roses** : de très bonne heure.
2. **ouïr** : écouter.
3. **Il perche** : il habite (familier).

LA DUÈGNE, *remontant.*

On ira. Soyez-y. Sept heures.

CYRANO

J'y serai.

La duègne sort.

SCÈNE 7

CYRANO, LE BRET, *puis* LES COMÉDIENS, LES COMÉDIENNES, CUIGY, BRISSAILLE, LIGNIÈRE, LE PORTIER, LES VIOLONS

CYRANO, *tombant dans les bras de Le Bret.*

Moi ! D'elle !... Un rendez-vous !...

LE BRET

Eh bien, tu n'es plus
[triste ?

CYRANO

Ah ! pour quoi que ce soit, elle sait que j'existe !

LE BRET

Maintenant, tu vas être calme ?

CYRANO, *hors de lui.*

Maintenant...

Mais je vais être frénétique[1] et fulminant[2] !
Il me faut une armée entière à déconfire[3] !
J'ai dix cœurs ; j'ai vingt bras ; il ne peut me suffire
De pourfendre des nains...

Il crie à tue-tête.

Il me faut des géants !

Notes

1. **frénétique** : agité, comme fou.
2. **fulminant** : bouillonnant.
3. **déconfire** : vaincre.

Depuis un moment, sur la scène, au fond, des ombres de comédiens et de comédiennes s'agitent, chuchotent : on commence à répéter. Les violons ont repris leur place.

UNE VOIX, *de la scène.*

Hé ! pst ! là-bas ! Silence ! on répète céans[1] !

CYRANO, *riant.*

Nous partons !

Il remonte ; par la grande porte du fond entrent Cuigy, Brissaille, plusieurs officiers, qui soutiennent Lignière complètement ivre.

CUIGY

Cyrano !

CYRANO

Qu'est-ce ?

CUIGY

Une énorme grive[2]

Qu'on t'apporte !

CYRANO, *le reconnaissant.*

Lignière !... Hé, qu'est-ce qui t'arrive ?

CUIGY

Il te cherche !

BRISSAILLE

Il ne peut rentrer chez lui !

CYRANO

Pourquoi ?

LIGNIÈRE, *d'une voix pâteuse[3], lui montrant un billet tout chiffonné.*

Ce billet m'avertit... cent hommes contre moi...
À cause de... chanson... grand danger me menace...

Notes

1. **céans** : ici.
2. **grive** : sorte d'oiseau ; allusion à l'expression, courante à l'époque de Rostand, *être soûl comme une grive*.
3. ***pâteuse*** : peu articulée.

Porte de Nesle… Il faut, pour rentrer, que j'y passe…
Permets-moi donc d'aller coucher sous… sous ton toit !

CYRANO

Cent hommes, m'as-tu dit ? Tu coucheras chez toi !

LIGNIÈRE, *épouvanté.*

Mais…

CYRANO, *d'une voix terrible, lui montrant la lanterne allumée que le portier balance en écoutant curieusement cette scène.*

Prends cette lanterne !…

Lignière saisit précipitamment la lanterne.

Et marche ! – Je te jure
Que c'est moi qui ferai ce soir ta couverture[1] !

Aux officiers.

Vous, suivez à distance, et vous serez témoins !

CUIGY

Mais cent hommes !…

CYRANO

Ce soir, il ne m'en faut pas moins !

Les comédiens et les comédiennes, descendus de scène, se sont rapprochés dans leurs divers costumes.

LE BRET

Mais pourquoi protéger…

CYRANO

Voilà Le Bret qui grogne !

LE BRET

Cet ivrogne banal ?…

Note

1. **qui ferai […] ta couverture** : qui préparerai ton lit pour que tu te couches.

Cyrano, *frappant sur l'épaule de Lignière.*

Parce que cet ivrogne,
Ce tonneau de muscat[1], ce fût de rossoli[2],
Fit quelque chose un jour de tout à fait joli :
Au sortir d'une messe ayant, selon le rite[3],
Vu celle qu'il aimait prendre de l'eau bénite,
Lui que l'eau fait sauver, courut au bénitier[4],
Se pencha sur sa conque et le but tout entier !…

UNE COMÉDIENNE, *en costume de soubrette*[5].

Tiens ! c'est gentil, cela !

Cyrano

N'est-ce pas, la soubrette ?

LA COMÉDIENNE, *aux autres.*

Mais pourquoi sont-ils cent contre un pauvre poète ?

Cyrano

Marchons !

Aux officiers.

Et vous, messieurs, en me voyant charger,
Ne me secondez pas[6], quel que soit le danger !
[…]
C'est compris ? Défendu de me prêter main-forte !
On y est ?… Un, deux, trois ! Portier, ouvre la porte !

Le portier ouvre à deux battants. Un coin du vieux Paris pittoresque et lunaire paraît.

Ah !… Paris fuit, nocturne et quasi nébuleux[7] ;
Le clair de lune coule aux pentes des toits bleus ;

Notes

1. **muscat** : vin sucré.
2. **fût de rossoli** : tonneau contenant une sorte d'alcool.
3. **rite** : coutume religieuse.
4. **bénitier** : sorte de grande coquille de pierre placée à l'entrée des églises et contenant de l'eau bénite que les catholiques effleurent du bout des doigts avant de faire leur signe de croix.
5. ***soubrette*** : servante.
6. **Ne me secondez pas** : ne m'aidez pas.
7. **nébuleux** : formé de nuages, fantomatique.

Un cadre se prépare, exquis, pour cette scène ;
Là-bas, sous des vapeurs[1] en écharpe, la Seine,
Comme un mystérieux et magique miroir,
Tremble… Et vous allez voir ce que vous allez voir !

TOUS

À la porte de Nesle !

CYRANO, *debout sur le seuil.*

À la porte de Nesle !

Se retournant avant de sortir, à la soubrette.

Ne demandiez-vous pas pourquoi, mademoiselle,
Contre ce seul rimeur[2] cent hommes furent mis ?

Il tire l'épée et, tranquillement.

C'est parce qu'on savait qu'il est de mes amis !

Il sort. Le cortège – Lignière zigzaguant en tête, – puis les comédiennes aux bras des officiers, – puis les comédiens gambadant, – se met en marche dans la nuit au son des violons, et à la lueur falote[3] des chandelles.

RIDEAU

Notes

1. **vapeurs** : il s'agit de nappes de brouillard.

2. **rimeur** : poète.

3. ***falote*** : faible.

Les personnages de *Cyrano de Bergerac* dessinés par Jacques Wely pour la mise en scène

Acte II

La rôtisserie des poètes

La boutique de Ragueneau, rôtisseur-pâtissier, vaste ouvroir[1] *au coin de la rue Saint-Honoré et de la rue de l'Arbre-Sec*[2]*, qu'on aperçoit largement au fond, par le vitrage de la porte, grises dans les premières lueurs de l'aube.*

À gauche, premier plan, comptoir surmonté d'un dais[3] *en fer forgé, auquel sont accrochés des oies, des canards, des paons blancs. Dans de grands vases de faïence, de hauts bouquets de fleurs naïves*[4]*, principalement des tournesols jaunes. Du même côté, second plan, immense cheminée devant laquelle, entre de monstrueux chenets*[5]*, dont chacun supporte une petite marmite, les rôtis pleurent dans les lèchefrites*[6]*.*

À droite, premier plan avec porte. Deuxième plan, un escalier montant à une petite salle en soupente[7]*, dont on aperçoit l'intérieur par*

Notes

1. ***ouvroir*** : atelier.
2. Les deux rues mentionnées existent vraiment à Paris.
3. ***dais*** : faux plafond, habituellement en tissu.
4. ***fleurs naïves*** : fleurs des champs.
5. ***chenets*** : supports de métal destinés à surélever les bûches dans la cheminée.
6. ***lèchefrites*** : plaques de métal recueillant le jus des viandes qui rôtissent.
7. ***soupente*** : petite pièce aménagée sous la pente d'un toit ou d'un escalier.

des volets ouverts ; une table y est dressée, un menu[1] lustre[2] flamand y luit : c'est un réduit[3] où l'on va manger et boire. Une galerie de bois, faisant suite à l'escalier, semble mener à d'autres petites salles analogues[4].

Au milieu de la rôtisserie, un cercle en fer que l'on peut faire descendre avec une corde, et auquel de grosses pièces[5] sont accrochées, fait un lustre de gibier.

Les fours, dans l'ombre, sous l'escalier, rougeoient. Des cuivres étincellent. Des broches tournent. Des pièces montées pyramident[6], des jambons pendent. C'est le coup de feu[7] matinal. Bousculade de marmitons[8] effarés, d'énormes cuisiniers et de minuscules gâte-sauce[9], foisonnement de bonnets à plume de poulet ou à aile de pintade. On apporte, sur des plaques de tôle et des clayons[10] d'osier, des quinconces[11] de brioches, des villages de petits-fours.

Des tables sont couvertes de gâteaux et de plats. D'autres, entourées de chaises, attendent les mangeurs et les buveurs.

Une plus petite, dans un coin, disparaît sous les papiers. Ragueneau y est assis au lever du rideau ; il écrit.

SCÈNES 1 ET 2

[Lise, la femme de Ragueneau, reproche à son mari de trop prendre soin des poètes. Entre alors Cyrano.]

Notes

1. ***menu*** : petit.
2. ***lustre*** : éclairage suspendu au plafond.
3. ***réduit*** : petite pièce.
4. ***analogues*** : semblables.
5. ***grosses pièces*** : gros morceaux de viande.
6. ***pyramident*** : forment des pyramides (néologisme).
7. ***coup de feu*** : moment d'intense activité.
8. ***marmitons*** : apprentis cuisiniers.
9. ***gâte-sauce*** : aides pour les cuisiniers.
10. ***clayons*** : grilles sur lesquelles on met les fromages à sécher.
11. ***quinconces*** : les brioches sont disposées par groupe de cinq (quatre dans les angles et la cinquième au milieu) comme dans certains jardins.

SCÈNE 3

RAGUENEAU, LISE, CYRANO, *puis* LE MOUSQUETAIRE

CYRANO

Quelle heure est-il?

RAGUENEAU, *le saluant avec empressement*[1].

Six heures.

CYRANO, *avec émotion.*

Dans une heure!

Il va et vient dans la boutique…

RAGUENEAU, *le suivant.*

Bravo! J'ai vu…

CYRANO

Quoi donc!

RAGUENEAU

Votre combat!…

CYRANO

Lequel?

RAGUENEAU

Celui de l'Hôtel de Bourgogne!

CYRANO, *avec dédain*[2].

Ah!… Le duel!…

RAGUENEAU, *admiratif.*

Oui, le duel en vers!…

LISE

Il en a plein la bouche!

CYRANO

Allons! tant mieux!

Notes

1. ***empressement*** : vivacité.

2. ***dédain*** : mépris.

RAGUENEAU, *se fendant avec une broche qu'il a saisi.*
« À la fin de l'envoi, je touche !…
À la fin de l'envoi, je touche !… » Que c'est beau !

Avec un enthousiasme croissant.

« À la fin de l'envoi… »

CYRANO

Quelle heure, Ragueneau ?

RAGUENEAU, *restant fendu pour regarder l'horloge.*

Six heures cinq !… *« … Je touche ! »*

Il se relève.

Oh ! faire une ballade !

LISE, *à Cyrano, qui en passant devant son comptoir lui a serré distraitement la main.*

Qu'avez-vous à la main ?

CYRANO

Rien. Une estafilade[1].

RAGUENEAU

Courûtes-vous quelque péril ?

CYRANO

Aucun péril.

LISE, *le menaçant du doigt.*

Je crois que vous mentez !

CYRANO

Mon nez remuerait-il[2] ?
Il faudrait que ce fût pour un mensonge énorme !

Changeant de ton.

Notes

1. **estafilade** : entaille.
2. Allusion à Pinocchio ; il s'agit d'un anachronisme, car ce personnage a été imaginé par Carlo Collodi en 1878.

J'attends ici quelqu'un. Si ce n'est pas sous l'orme[1],
Vous nous laisserez seuls.

RAGUENEAU

C'est que je ne peux pas;
Mes rimeurs vont venir…

LISE, *ironique.*

Pour leur premier repas.

CYRANO

Tu les éloigneras quand je te ferai signe.
L'heure?

RAGUENEAU

Six heures dix.

CYRANO, *s'asseyant nerveusement à la table de Ragueneau et prenant du papier.*

Une plume?…

RAGUENEAU, *lui offrant celle qu'il a à son oreille.*

De cygne.

UN MOUSQUETAIRE, *superbement moustachu, entre et d'une voix de stentor[2].*

Salut!

Lise remonte vivement vers lui.

CYRANO, *se retournant.*

Qu'est-ce?

RAGUENEAU

Un ami de ma femme. Un guerrier
Terrible, à ce qu'il dit!…

Notes

1. **Si ce n'est pas sous l'orme** : si l'on ne m'a pas posé un lapin (rendez-vous oublié volontairement).

2. ***voix de stentor*** : voix très forte.

CYRANO, *reprenant la plume et éloignant du geste Ragueneau.*
Chut !...
À lui-même.
Écrire, plier, –
Lui donner, – me sauver...
Jetant la plume.
Lâche !... Mais que je meure,
Si j'ose lui parler, lui dire un seul mot...
À Ragueneau
L'heure ?

RAGUENEAU

Six et quart !...

CYRANO, *frappant sa poitrine.*
... un seul mot de tous ceux que j'ai là !
Tandis qu'en écrivant...
Il reprend la plume.
Eh bien ! écrivons-la,
Cette lettre d'amour qu'en moi-même j'ai faite
Et refaite cent fois, de sorte qu'elle est prête,
Et que, mettant mon âme à côté du papier,
Je n'ai tout simplement qu'à la recopier.

Il écrit. – Derrière le vitrage de la porte on voit s'agiter des silhouettes maigres et hésitantes.

SCÈNE 4

RAGUENEAU, LISE, LE MOUSQUETAIRE, CYRANO, *à la petite table écrivant,* LES POÈTES, *vêtus de noir, les bas*[1] *tombants, couverts de boue.*

LISE, *entrant, à Ragueneau.*
Les voici vos crottés !

Note

1. ***bas*** : chaussettes.

PREMIER POÈTE, *entrant, à Ragueneau.*

Confrère !…

DEUXIÈME POÈTE, *de même, lui secouant les mains.*

Cher confrère !

TROISIÈME POÈTE

Aigle des pâtissiers !

Il renifle.

Ça sent bon dans votre aire[1].

QUATRIÈME POÈTE

Ô Phœbus[2]-Rôtisseur !

CINQUIÈME POÈTE

Apollon maître queux[3] !

RAGUENEAU, *entouré, embrassé, secoué.*

Comme on est tout de suite à son aise avec eux !

PREMIER POÈTE

Nous fûmes retardés par la foule attroupée
À la porte de Nesle !…

DEUXIÈME POÈTE

Ouverts à coups d'épée,
Huit malandrins[4] sanglants illustraient[5] les pavés !

CYRANO, *levant une seconde la tête.*

Huit ?… Tiens, je croyais sept.

Il reprend sa lettre.

RAGUENEAU, *à Cyrano.*

Est-ce que vous savez
Le héros du combat ?

CYRANO, *négligemment.*

Moi ?… Non !

Notes

1. **aire** : rocher où l'aigle fait son nid.
2. **Phœbus** : nom latin d'Apollon, le dieu grec antique des Arts.
3. **maître queux** : cuisinier.
4. **malandrins** : brigands.
5. **illustraient** : faisaient briller.

LISE, *au mousquetaire.*

Et vous?

LE MOUSQUETAIRE, *se frisant la moustache.*

Peut-être!

CYRANO, *écrivant à part, – on l'entend murmurer de temps en temps.*

Je vous aime...

PREMIER POÈTE

Un seul homme, assurait-on, sut mettre
Toute une bande en fuite!...

DEUXIÈME POÈTE

Oh! c'était curieux!
Des piques, des bâtons jonchaient[1] le sol!...

CYRANO, *écrivant.*

... vos yeux...

TROISIÈME POÈTE

On trouvait des chapeaux jusqu'au quai des Orfèvres!

PREMIER POÈTE

Sapristi! ce dut être un féroce...

CYRANO, *même jeu.*

... vos lèvres...

PREMIER POÈTE

Un terrible géant, l'auteur de ces exploits!

CYRANO, *même jeu.*

... *Et je m'évanouis de peur quand je vous vois.*

DEUXIÈME POÈTE, *happant*[2] *un gâteau.*

Qu'as-tu rimé de neuf, Ragueneau?

Notes

1. **jonchaient** : couvraient.

2. ***happant*** : saisissant brusquement.

CYRANO, *même jeu.*

… qui vous aime…

Il s'arrête au moment de signer et se lève, mettant sa lettre dans son pourpoint.

Pas besoin de signer. Je la donne moi-même.

RAGUENEAU, *au deuxième poète.*

J'ai mis une recette en vers.

TROISIÈME POÈTE, *s'installant près d'un plateau de choux à la crème.*

Oyons[1] ces vers !

QUATRIÈME POÈTE, *regardant une brioche qu'il a prise.*

Cette brioche a mis son bonnet de travers.

Il la décoiffe d'un coup de dent.

PREMIER POÈTE

Ce pain d'épice suit le rimeur famélique[2],
De ses yeux en amande aux sourcils d'angélique[3] !

Il happe le morceau de pain d'épice.

DEUXIÈME POÈTE

Nous écoutons.

TROISIÈME POÈTE, *serrant légèrement un chou entre ses doigts.*

Ce chou bave sa crème. Il rit.

DEUXIÈME POÈTE, *mordant à même la grande lyre de pâtisserie.*

Pour la première fois la Lyre me nourrit !

RAGUENEAU, *qui s'est préparé à réciter, qui a toussé, assuré[4] son bonnet, pris une pose.*

Une recette en vers…

Notes

1. **Oyons** : écoutons (impératif de l'ancien verbe *oïr*).
2. **famélique** : qui a faim parce qu'il ne mange pas suffisamment.
3. **angélique** : plante employée en confiserie.
4. ***assuré*** : bien fixé.

DEUXIÈME POÈTE, *au premier, lui donnant un coup de coude.*

Tu déjeunes[1] ?

PREMIER POÈTE, *au deuxième.*

Tu dînes[2] ?

RAGUENEAU

Comment on fait les tartelettes amandines.
Battez, pour qu'ils soient mousseux,
Quelques œufs ;
Incorporez à leur mousse
Un jus de cédrat[3] choisi ;
Versez-y
Un bon lait d'amande douce ;
Mettez de la pâte à flan
Dans le flanc[4]
De moules à tartelette ;
D'un doigt preste[5], abricotez[6]
Les côtés ;
Versez goutte à gouttelette
Votre mousse en ces puits, puis
Que ces puits
Passent au four, et, blondines[7],
Sortant en gais troupelets[8],
Ce sont les
Tartelettes amandines !

LES POÈTES, *la bouche pleine.*

Exquis ! Délicieux !

Notes

1. **Tu déjeunes** : tu prends ton petit déjeuner.
2. **Tu dînes** : tu déjeunes (à midi).
3. **cédrat** : sorte de citron.
4. **Dans le flanc** : à l'intérieur.
5. **preste** : rapide.
6. **abricotez** : nappez avec un sirop de fruit.
7. **blondines** : avec des reflets blonds.
8. **troupelets** : petits troupeaux (néologisme suivant le modèle *agneau / agnelet*).

UN POÈTE, *s'étouffant.*

Homph!

Ils remontent vers le fond, en mangeant. Cyrano, qui a observé, s'avance vers Ragueneau.

CYRANO

Bercés par ta voix,
Ne vois-tu pas comme ils s'empiffrent[1]?

RAGUENEAU, *plus bas, avec un sourire.*

Je le vois…
Sans regarder, de peur que cela ne les trouble;
Et dire ainsi mes vers me donne un plaisir double,
Puisque je satisfais un doux faible que j'ai
Tout en laissant manger ceux qui n'ont pas mangé!

CYRANO, *lui frappant sur l'épaule.*

Toi, tu me plais!…

Ragueneau va rejoindre ses amis. Cyrano le suit des yeux, puis un peu brusquement.

Hé là, Lise?

Lise, en conversation tendre avec le mousquetaire, tressaille[2] et descend vers Cyrano.

Ce capitaine…
Vous assiège?

LISE, *offensée*[3].

Oh! mes yeux, d'une œillade hautaine[4],
Savent vaincre quiconque attaque mes vertus.

CYRANO

Euh! pour des yeux vainqueurs, je les trouve battus.

Notes

1. ils s'empiffrent : ils se jettent sur la nourriture.
2. *tressaille* : sursaute du fait de l'émotion.
3. *offensée* : fâchée.
4. œillade hautaine : coup d'œil méprisant.

LISE, *suffoquée.*

Mais…

CYRANO, *nettement.*

Ragueneau me plaît. C'est pourquoi, dame Lise,
Je défends que quelqu'un le ridicoculise[1].

LISE

Mais…

CYRANO, *qui a élevé la voix assez pour être entendu du galant[2].*

À bon entendeur[3]…

Il salue le mousquetaire et va se mettre en observation, à la porte du fond, après avoir regardé l'horloge.

LISE, *au mousquetaire qui a simplement rendu son salut à Cyrano.*

Vraiment, vous m'étonnez !
Répondez… sur son nez…

LE MOUSQUETAIRE

Sur son nez… sur son nez…

Il s'éloigne vivement. Lise le suit.

CYRANO, *de la porte du fond, faisant signe à Ragueneau d'emmener les poètes.*

Pst !…

RAGUENEAU, *montrant aux poètes la porte de droite.*

Nous serons bien mieux par là…

CYRANO, *s'impatientant.*

Pst ! pst !…

RAGUENEAU, *les entraînant.*

Pour lire
Des vers…

Notes

1. **ridicoculise** : néologisme (mot-valise) croisant les mots *ridiculise* et *cocu*.
2. ***galant*** : homme qui fait sa cour (il s'agit du mousquetaire que Lise écoutait).
3. À bon entendeur salut ; salut adressé à quelqu'un que l'on avertit ou menace.

PREMIER POÈTE, *désespéré, la bouche pleine.*

Mais les gâteaux !…

DEUXIÈME POÈTE

Emportons-les !

Il sortent tous derrière Ragueneau, processionnellement[1]*, et après avoir fait une rafle de plateaux.*

SCÈNE 5

CYRANO, ROXANE, LA DUÈGNE

CYRANO

Je tire
Ma lettre si je sens seulement qu'il y a
Le moindre espoir !…

Roxane, masquée, suivie de la duègne, paraît derrière le vitrage. Il ouvre vivement la porte.

Entrez !…

Marchant sur la duègne.

Vous, deux mots, duègna !

LA DUÈGNE

Quatre.

CYRANO

Êtes-vous gourmande ?

LA DUÈGNE

À m'en rendre malade.

Note

1. ***processionnellement*** : en procession, les uns derrière les autres.

CYRANO, *prenant vivement des sacs de papier sur le comptoir.*
Bon. Voici deux sonnets[1] de monsieur Benserade[2]…

LA DUÈGNE, *piteuse*[3].

Heu !…

CYRANO

… que je vous remplis de darioles[4].

LA DUÈGNE, *changeant de figure.*

Hou !

CYRANO

Aimez-vous le gâteau qu'on nomme petit chou ?

LA DUÈGNE, *avec dignité.*

Monsieur, j'en fais état[5], lorsqu'il est à la crème.

CYRANO

J'en plonge six pour vous dans le sein d'un poème
De Saint-Amant ! Et dans ces vers de Chapelain[6]
Je dépose un fragment, moins lourd, de poupelin[7].
– Ah ! vous aimez les gâteaux frais ?

LA DUÈGNE

J'en suis férue[8] !

CYRANO, *lui chargeant les bras de sacs remplis.*

Veuillez aller manger tous ceux-ci dans la rue.

LA DUÈGNE

Mais…

CYRANO, *la poussant dehors.*

Et ne revenez qu'après avoir fini !

Notes

1. sonnets : poèmes de 14 vers ; les gâteaux de Ragueneau sont enveloppés dans des feuilles sur lesquelles sont écrits des poèmes, car c'est ainsi que ses amis poètes paient ce qu'ils lui doivent.

2. monsieur Benserade : poète mondain très connu au XVIIe siècle.

3. *piteuse* : embarrassée.

4. darioles : sortes de petits flans.

5. j'en fais état : je l'aime.

6. Saint-Amant et Chapelain sont deux poètes du XVIIe siècle.

7. poupelin : sorte de pâtisserie.

8. J'en suis férue : je les aime beaucoup.

Il referme la porte, redescend vers Roxane, et s'arrête, découvert[1], *à une distance respectueuse.*

SCÈNE 6

CYRANO, ROXANE, LA DUÈGNE, *un instant.*

CYRANO

Que l'instant entre tous les instants soit béni
Où, cessant d'oublier qu'humblement je respire
Vous venez jusqu'ici pour me dire… me dire ?

ROXANE, *qui s'est démasquée.*

Mais tout d'abord merci, car ce drôle[2], ce fat
Qu'au brave jeu d'épée, hier, vous avez fait mat[3],
C'est lui qu'un grand seigneur… épris de moi…

CYRANO

De Guiche ?

ROXANE, *baissant les yeux.*

Cherchait à m'imposer… comme mari…

CYRANO

Postiche[4] ?

Saluant.

Je me suis donc battu, madame, et c'est tant mieux,
Non pour mon vilain nez, mais bien pour vos beaux yeux.

ROXANE

Puis… je voulais… Mais pour l'aveu que je viens faire,
Il faut que je revoie en vous le… presque frère,
Avec qui je jouais, dans le parc, près du lac !…

Notes

1. ***découvert*** : ayant retiré son chapeau en signe de respect.
2. **ce drôle** : ce coquin.
3. **vous avez fait mat** : vous avez mis en échec.
4. **Postiche** : à la place d'un autre.

CYRANO

Oui… vous veniez tous les étés à Bergerac[1]!…

ROXANE

Les roseaux fournissaient le bois pour vos épées…

CYRANO

Et les maïs, les cheveux blonds pour vos poupées!

ROXANE

C'était le temps des jeux…

CYRANO

Des mûrons aigrelets[2]…

ROXANE

Le temps où vous faisiez tout ce que je voulais!…

CYRANO

Roxane, en jupons courts, s'appelait Madeleine…

ROXANE

J'étais jolie, alors?

CYRANO

Vous n'étiez pas vilaine.

ROXANE

Parfois, la main en sang de quelque grimpement[3],
Vous accourriez! Alors, jouant à la maman,
Je disais d'une voix qui tâchait d'être dure :

Elle lui prend la main.

«Qu'est-ce que c'est encor que cette égratignure?»

Elle s'arrête, stupéfaite.

Oh! C'est trop fort! Et celle-ci!

Cyrano veut retirer sa main.

Notes

1. **Bergerac** : ville de Dordogne; le vrai Cyrano n'y a jamais vécu.

2. **mûrons aigrelets** : mûres un peu acides.

3. **grimpement** : escalade.

Non ! montrez-la !
Hein ? à votre âge, encor ! – Où t'es-tu fait cela ?

CYRANO

En jouant, du côté de la porte de Nesle.

ROXANE, *s'asseyant à une table et trempant son mouchoir dans un verre d'eau.*

Donnez !

CYRANO, *s'asseyant aussi.*

Si gentiment ! Si gaiement maternelle !

ROXANE

Et, dites-moi, pendant que j'ôte un peu le sang,
Ils étaient contre vous ?

CYRANO

Oh ! pas tout à fait cent.

ROXANE

Racontez !

CYRANO

Non. Laissez. Mais vous, dites la chose
Que vous n'osiez tantôt me dire.

ROXANE, *sans quitter sa main.*

À présent j'ose,
Car le passé m'encouragea de son parfum !
Oui, j'ose maintenant. Voilà. J'aime quelqu'un.

CYRANO

Ah !...

ROXANE

Qui ne le sait pas d'ailleurs.

CYRANO

Ah !...

ROXANE

Pas encore.

CYRANO

Ah!… entousiasmo

ROXANE

Mais qui va bientôt le savoir, s'il l'ignore.

CYRANO

Ah!… curiosité

ROXANE

Un pauvre garçon qui jusqu'ici m'aima
Timidement, de loin, sans oser le dire…

CYRANO

impatience Ah!…

ROXANE

Laissez-moi votre main, voyons, elle a la fièvre. –
Mais moi, j'ai vu trembler les aveux sur sa lèvre.

CYRANO

Ah!… impatience

ROXANE, *achevant de lui faire un petit bandage avec son mouchoir.*

Et figurez-vous, tenez, que, justement
Oui, mon cousin, il sert dans votre régiment!

CYRANO

Ah!… doute

ROXANE, *riant.*

Puisqu'il est cadet dans votre compagnie!

CYRANO

Ah!… déception

ROXANE

Il a sur son front de l'esprit, du génie;
Il est fier, noble, jeune, intrépide[1], beau…

CYRANO, *se levant tout pâle.*

Beau!

Note

1. **intrépide** : qui ne craint pas le danger.

ROXANE

Quoi? Qu'avez-vous?

CYRANO

Moi, rien… C'est… c'est…

Il montre sa main, avec un sourire.

C'est ce [bobo.

ROXANE

Enfin, je l'aime. Il faut d'ailleurs que je vous die[1]
Que je ne l'ai jamais vu qu'à la Comédie[2]…

CYRANO

Vous ne vous êtes donc pas parlé?

ROXANE

Nos yeux seuls.

CYRANO

Mais comment savez-vous, alors?

ROXANE

Sous les tilleuls
De la place Royale[3], on cause… Des bavardes
M'ont renseignée…

CYRANO

Il est cadet?

ROXANE

Cadet aux gardes.

CYRANO

Son nom?

Notes

1. die : dise (forme ancienne du subjonctif présent du verbe *dire*).
2. Comédie : salle de théâtre (quand le mot commence par une majuscule).
3. place Royale : actuelle place des Vosges, à Paris.

ROXANE

Baron Christian de Neuvillette.

CYRANO

Hein?...

Il n'est pas aux cadets.

ROXANE

Si, depuis ce matin :

Capitaine Carbon de Castel-Jaloux.

CYRANO

Vite,

Vite, on lance son cœur!... Mais, ma pauvre petite...

LA DUÈGNE, *ouvrant la porte du fond.*

J'ai fini les gâteaux, monsieur de Bergerac!

CYRANO

Eh bien! lisez les vers imprimés sur le sac!

La duègne disparaît.

... Ma pauvre enfant, vous qui n'aimez que beau langage,
Bel esprit, – si c'était un profane[1], un sauvage?

ROXANE

Non, il a les cheveux d'un héros de d'Urfé[2]!

CYRANO

S'il était aussi maldisant[3] que bien coiffé!

ROXANE

Non, tous les mots qu'il dit sont fins, je le devine!

CYRANO

Oui, tous les mots sont fins quand la moustache est fine.
Mais si c'était un sot!...

Notes

1. profane : ignorant.

2. Honoré d'Urfé (1567-1625) est l'auteur de *L'Astrée*, long roman sentimental très célèbre à l'époque dans le milieu mondain des précieux et surtout des précieuses.

3. S'il était aussi maldisant : s'il parlait aussi maladroitement.

ROXANE, *frappant du pied.*
Eh bien ! j'en mourrais, là !

CYRANO, *après un temps.*
Vous m'avez fait venir pour me dire cela ?
Je n'en sens pas très bien l'utilité, madame.

ROXANE
Ah, c'est que quelqu'un hier m'a mis la mort dans l'âme,
En me disant que tous, vous êtes tous Gascons
Dans votre compagnie…

CYRANO
Et que nous provoquons
Tous les blancs-becs[1] qui, par faveur, se font admettre
Parmi les purs Gascons que nous sommes, sans l'être ?
C'est ce qu'on vous a dit ?

ROXANE
Et vous pensez si j'ai
Tremblé pour lui !

CYRANO, *entre ses dents.*
Non sans raison !

ROXANE
Mais j'ai songé
Lorsque invincible et grand, hier, vous nous apparûtes,
Châtiant[2] ce coquin, tenant tête à ces brutes ;
J'ai songé : s'il voulait, lui, que tous ils craindront…

CYRANO
C'est bien, je défendrai votre petit baron.

ROXANE
Oh, n'est-ce pas que vous allez me le défendre ?
J'ai toujours eu pour vous une amitié si tendre !

Notes

1. **blancs-becs** : jeunes gens prétentieux et sans expérience.

2. **Châtiant** : punissant.

CYRANO

Oui. Oui.

ROXANE

Vous serez son ami ?

CYRANO

Je le serai.

ROXANE

Et jamais il n'aura de duel ?

CYRANO

C'est juré.

ROXANE

Oh ! je vous aime bien. Il faut que je m'en aille.

Elle remet vivement son masque, une dentelle sur son front, et distraitement[1].

Mais vous ne m'avez pas raconté la bataille
De cette nuit. Vraiment ce dut être inouï[2] !...
– Dites-lui qu'il m'écrive.

Elle lui envoie un petit baiser de la main.

Oh ! je vous aime !

CYRANO

Oui. Oui.

ROXANE

Cent hommes contre vous ? – Allons, adieu. – Nous sommes
De grands amis !

CYRANO

Oui, oui.

ROXANE

Qu'il m'écrive ! – Cent hommes !
Vous me direz plus tard. Maintenant, je ne puis.
Cent hommes ! Quel courage !

Notes

1. *distraitement* : sans y prêter attention. 2. **inouï** : incroyable.

CYRANO, *la saluant.*

Oh ! j'ai fait mieux depuis.

Elle sort. Cyrano reste immobile, les yeux à terre. Un silence. La porte de droite s'ouvre. Ragueneau passe sa tête.

SCÈNE 7

CYRANO, RAGUENEAU, LES POÈTES, CARBON DE CASTEL-JALOUX, LES CADETS, LA FOULE, *etc., puis* DE GUICHE

RAGUENEAU

Peut-on rentrer ?

CYRANO, *sans bouger.*

Oui…

Ragueneau fait signe et ses amis rentrent. En même temps, à la porte du fond paraît Carbon de Castel-Jaloux, costume de capitaine aux gardes, qui fait de grands gestes en apercevant Cyrano.

CARBON DE CASTEL-JALOUX

Le voilà !

CYRANO, *levant la tête.*

Mon capitaine !…

CARBON, *exultant.*

Notre héros ! Nous savons tout ! Une trentaine
De mes cadets sont là !…

CYRANO, *reculant.*

Mais…

CARBON, *voulant l'entraîner.*

Viens ! on veut te voir !

CYRANO

Non !

CARBON

Ils boivent en face, à *La Croix du Trahoir*[1].

CYRANO

Je…

CARBON, *remontant à la porte et criant à la cantonade*[2], *d'une voix de tonnerre.*

Le héros refuse. Il est d'humeur bourrue[3] !

UNE VOIX, *au-dehors.*

Ah ! Saindious !

Tumulte au-dehors, bruits d'épées et de bottes qui se rapprochent.

CARBON, *se frottant les mains.*

Les voici qui traversent la rue !…

LES CADETS, *entrant dans la rôtisserie.*

Mille dious ! – Capdedious ! – Mordious ! – Pocapdedious[4] !

RAGUENEAU, *reculant épouvanté.*

Messieurs, vous êtes donc tous de Gascogne !

LES CADETS

Tous !

UN CADET, *à Cyrano.*

Bravo !

CYRANO

Baron !

UN AUTRE, *lui secouant les mains.*

Vivat[5] !

CYRANO

Baron !

Notes

1. Ce cabaret a vraiment existé.
2. ***à la cantonade*** : en s'adressant à tout le monde en même temps.
3. **bourrue** : désagréable.
4. Ce sont des jurons gascons ; *dious* signifie « dieu ».
5. **Vivat** : bravo.

TROISIÈME CADET

Que je t'embrasse !

CYRANO

Baron !

PLUSIEURS GASCONS

Embrassons-le !

CYRANO, *ne sachant auquel répondre.*

Baron… baron… de grâce…

RAGUENEAU

Vous êtes tous barons, messieurs !

LES CADETS

Tous !

RAGUENEAU

Le sont-ils ?

PREMIER CADET

On ferait une tour rien qu'avec nos tortils[1] !

LE BRET, *entrant et courant à Cyrano.*

On te cherche ! Une foule en délire conduite
Par ceux qui cette nuit marchèrent à ta suite…

CYRANO, *épouvanté.*

Tu ne leur as pas dit où je me trouve ?…

LE BRET, *se frottant les mains.*

Si !

UN BOURGEOIS, *entrant, suivi d'un groupe.*

Monsieur, tout le Marais[2] se fait porter[3] ici !

Notes

1. **tortils** : décorations en forme de rubans torsadés sur les blasons de certaines familles nobles.

2. **le Marais** : quartier de Paris où habitait la noblesse.

3. **porter** : amener en chaise à porteurs.

Au-dehors, la rue s'est remplie de monde. Des chaises à porteurs[1], des carrosses s'arrêtent.

LE BRET, *bas, souriant à Cyrano.*

Et Roxane ?

CYRANO, *vivement.*

Tais-toi !

LA FOULE, *criant dehors.*

Cyrano !...

Une cohue[2] se précipite dans la pâtisserie. Bousculade. Acclamations.

RAGUENEAU, *debout sur une table.*

Ma boutique
Est envahie ! On casse tout ! C'est magnifique !

DES GENS, *autour de Cyrano.*

Mon ami... mon ami...

CYRANO

Je n'avais pas hier
Tant d'amis !...

LE BRET, *ravi.*

Le succès !

UN PETIT MARQUIS, *accourant, les mains tendues.*

Si tu savais, mon cher...

CYRANO

Si tu ?... Tu ?... Qu'est-ce donc qu'ensemble nous gardâmes[3] ?

UN AUTRE

Je veux vous présenter, Monsieur, à quelques dames
Qui là, dans mon carrosse...

Notes

1. ***chaises à porteurs*** : chaises fermées portées par deux hommes.
2. ***cohue*** : foule.
3. Allusion à l'expression *ne pas avoir gardé les cochons ensemble* ; le tutoiement employé par le petit marquis exprime une familiarité que refuse Cyrano.

CYRANO, *froidement.*

Et vous d'abord, à moi,
Qui vous présentera[1] ?

LE BRET, *stupéfait.*

Mais qu'as-tu donc ?

CYRANO

Tais-toi !

UN HOMME DE LETTRES, *avec une écritoire.*

Puis-je avoir des détails sur ?...

CYRANO

Non.

LE BRET, *lui poussant le coude.*

C'est Théophraste
Renaudot ! l'inventeur de la gazette[2].

CYRANO

Baste[3] !

LE BRET

Cette feuille où l'on fait tant de choses tenir !
On dit que cette idée a beaucoup d'avenir !

LE POÈTE, *s'avançant.*

Monsieur...

CYRANO

Encor !

Notes

1. Cyrano laisse entendre qu'il ne s'adressera pas à quelqu'un qui ne lui aura pas été présenté auparavant.
2. *La Gazette*, créée par Théophraste Renaudot en 1631, est le premier journal français. Richelieu et le roi eux-mêmes y publiaient, parfois, des articles.
3. **Baste** : assez.

LE POÈTE

Je veux faire un pentacrostiche[1]
Sur votre nom…

QUELQU'UN, *s'avançant encore.*

Monsieur…

CYRANO

Assez !

Mouvement. On se range. De Guiche paraît, escorté d'officiers. Cuigy, Brissaille, les officiers qui sont partis avec Cyrano à la fin du premier acte. Cuigy vient vivement à Cyrano.

CUIGY, *à Cyrano.*

Monsieur de Guiche

Murmure. Tout le monde se range.

Vient de la part du maréchal de Gassion !

DE GUICHE, *saluant Cyrano.*

… Qui tient à vous mander[2] son admiration
Pour le nouvel exploit dont le bruit vient de courre[3].

LA FOULE

Bravo !…

CYRANO, *s'inclinant.*

Le maréchal s'y connaît en bravoure[4].

DE GUICHE

Il n'aurait jamais cru le fait si ces messieurs
N'avaient pu lui jurer l'avoir vu.

CUIGY

De nos yeux !

Notes

1. **pentacrostiche** : poème de cinq strophes ; lues verticalement, les premières lettres de chaque vers de chaque strophe forment un mot (ici, *Cyrano*).

2. **mander** : faire savoir.

3. **courre** : circuler (ancien verbe *courir*).

4. **bravoure** : courage.

LE BRET, *bas à Cyrano, qui a l'air absent.*

Mais…

CYRANO

Tais-toi !

LE BRET

Tu parais souffrir !

CYRANO, *tressaillant et se redressant vivement.*

Devant ce monde ?

Sa moustache se hérisse ; il poitrine[1].

Moi, souffrir ?… Tu vas voir !

DE GUICHE, *auquel Cuigy a parlé à l'oreille.*

Votre carrière abonde[2]
De beaux exploits, déjà. – Vous servez chez ces fous
De Gascons, n'est-ce pas ?

CYRANO

Aux cadets, oui.

UN CADET, *d'une voix terrible.*

Chez nous !

DE GUICHE, *regardant les Gascons, rangés derrière Cyrano.*

Ah ! ah ! Tous ces messieurs à la mine hautaine,
Ce sont donc les fameux ?…

CARBON DE CASTEL-JALOUX

Cyrano !

CYRANO

Capitaine ?

CARBON

Puisque ma compagnie[3] est, je crois, au complet,
Veuillez la présenter au comte, s'il vous plaît.

Notes

1. ***il poitrine*** : il gonfle la poitrine en signe d'orgueil.
2. **abonde** : est pleine.
3. **compagnie** : troupe commandée par un capitaine.

CYRANO, *faisant deux pas vers De Guiche et montrant les cadets.*

Ce sont les cadets de Gascogne[1]
De Carbon de Castel-Jaloux;
Bretteurs et menteurs sans vergogne[2],
Ce sont les cadets de Gascogne!
Parlant blason[3], lambel[4], bastogne[5],
Tous plus nobles que des filous,
Ce sont les cadets de Gascogne
De Carbon de Castel-Jaloux
Œil d'aigle, jambe de cigogne,
Moustache de chat, dents de loups,
Fendant la canaille[6] qui grogne,
Œil d'aigle, jambe de cigogne,
Ils vont, – coiffés d'un vieux vigogne[7]
Dont la plume cache les trous! –
Œil d'aigle, jambe de cigogne,
Moustache de chat, dents de loups!

Perce-Bedaine et Casse-Trogne
Sont leurs sobriquets[8] les plus doux.
De gloire, leur âme est ivrogne,
Perce-Bedaine et Casse-Trogne,
Dans tous les endroits où l'on cogne
Ils se donnent des rendez-vous…
Perce-Bedaine et Casse-Trogne
Sont leurs sobriquets les plus doux!
Voici les cadets de Gascogne

Notes

1. Les vers composés ici par Cyrano forment des strophes en octosyllabes appelées « triolets », en raison de la reprise d'un vers sur trois.
2. **vergogne** : honte.
3. **blason** : armoirie dessinée, à l'origine, sur les boucliers. Chaque famille noble a son blason particulier.
4. **lambel** : ligne horizontale en haut du blason.
5. **bastogne** : bande diagonale sur le blason.
6. **la canaille** : les gens à mépriser.
7. **vigogne** : sorte de chapeau en laine de lama.
8. **sobriquets** : surnoms moqueurs.

Qui font cocus tous les jaloux !
Ô femme, adorable carogne[1],
Voici les cadets de Gascogne !
Que le vieil époux se renfrogne[2] :
Sonnez, clairons ! chantez, coucous !
Voici les cadets de Gascogne
Qui font cocus tous les jaloux !

DE GUICHE, *nonchalamment assis dans un fauteuil que Ragueneau a vite apporté.*

Un poète est un luxe, aujourd'hui, qu'on se donne.
– Voulez-vous être à moi[3] ?

CYRANO

Non, Monsieur, à personne.

DE GUICHE

Votre verve amusa mon oncle Richelieu,
Hier. Je veux vous servir auprès de lui[4].

LE BRET, *ébloui.*

Grand Dieu !

DE GUICHE

Vous avez bien rimé cinq actes[5], j'imagine ?

LE BRET, *à l'oreille de Cyrano.*

Tu vas faire jouer, mon cher, ton *Agrippine*[6] !

DE GUICHE

Portez-les-lui.

CYRANO, *tenté et un peu charmé.*

Vraiment…

Notes

1. **carogne :** femme de mauvaise vie.
2. **se renfrogne :** boude.
3. **à moi :** à mon service.
4. **vous servir auprès de lui :** lui faire votre éloge.
5. **rimé cinq actes :** composé une pièce en cinq actes et en vers.
6. ***Agrippine* :** mère de l'empereur Néron, elle fut assassinée par son fils. Cyrano de Bergerac a composé une tragédie intitulée *La Mort d'Agrippine*, qui a fait scandale en 1653.

DE GUICHE

Il est des plus experts,
Il vous corrigera seulement quelques vers…

CYRANO, *dont le visage s'est immédiatement rembruni*[1].

Impossible, Monsieur ; mon sang se coagule
En pensant qu'on y peut changer une virgule.

DE GUICHE

Mais quand un vers lui plaît, en revanche, mon cher,
Il le paye très cher.

CYRANO

Il le paye moins cher
Que moi, lorsque j'ai fait un vers et que je l'aime,
Je me le paye, en me le chantant à moi-même !

DE GUICHE

Vous êtes fier.

CYRANO

Vraiment, vous l'avez remarqué ?

[On apprend que c'est De Guiche qui avait envoyé ses hommes pour tuer lâchement le poète Lignière que Cyrano a vaillamment défendu. *« De Guiche sort. On le voit remonter en chaise. Les seigneurs s'éloignent en chuchotant. Le Bret les réaccompagne. La foule sort. »*]

SCÈNE 8

CYRANO, LE BRET, LES CADETS, *qui se sont attablés à droite et à gauche et auxquels on sert à boire et à manger.*

CYRANO, *saluant d'un air goguenard*[2] *ceux qui sortent sans oser le saluer.*

Messieurs… Messieurs… Messieurs…

Notes

1. *rembruni* : assombri.

2. *goguenard* : moqueur.

LE BRET, *désolé, redescendant, les bras au ciel.*

Ah! dans quels jolis
[draps...

CYRANO

Oh! toi! tu vas grogner!

LE BRET

Enfin, tu conviendras
Qu'assassiner toujours la chance passagère
Devient exagéré.

CYRANO

Eh bien oui, j'exagère!

LE BRET, *triomphant.*

Ah!

CYRANO

Mais pour le principe, et pour l'exemple aussi,
Je trouve qu'il est bon d'exagérer ainsi.

LE BRET

Si tu laissais un peu ton âme mousquetaire[1],
La fortune et la gloire...

CYRANO

Et que faudrait-il faire?
Chercher un protecteur puissant, prendre un patron,
Et comme un lierre obscur qui circonvient[2] un tronc
Et s'en fait un tuteur[3] en lui léchant l'écorce,
Grimper par ruse au lieu de s'élever par force?
Non, merci. Dédier, comme tous ils le font,
Des vers aux financiers? se changer en bouffon
Dans l'espoir vil[4] de voir, aux lèvres d'un ministre,

Notes

1. Le nom «*mousquetaire*» est, ici, employé comme adjectif; c'est une liberté prise par Rostand.
2. **circonvient** : croît, grandit autour.
3. **tuteur** : bâton servant à soutenir une plante.
4. **vil** : déshonorant.

Naître un sourire, enfin, qui ne soit pas sinistre ?
Non, merci. Déjeuner, chaque jour, d'un crapaud ?
Avoir un ventre usé par la marche ? une peau
Qui plus vite, à l'endroit des genoux, devient sale ?
Exécuter des tours de souplesse dorsale[1] ?
Non, merci. D'une main flatter la chèvre au cou
Cependant que, de l'autre, on arrose le chou[2],
Et, donneur de séné par désir de rhubarbe[3],
Avoir son encensoir[4], toujours, dans quelque barbe ?
Non, merci. Se pousser de giron[5] en giron,
Devenir un petit grand homme dans un rond,
Et naviguer, avec des madrigaux[6] pour rames,
Et dans ses voiles des soupirs de vieilles dames ?
Non, merci. Chez le bon éditeur de Sercy[7]
Faire éditer ses vers en payant ? Non, merci.
S'aller faire nommer pape par les conciles[8]
Que dans des cabarets tiennent des imbéciles ?
Non, merci. Travailler à se construire un nom
Sur un sonnet[9], au lieu d'en faire d'autres ? Non,
Merci. Ne découvrir du talent qu'aux mazettes[10] ?
Être terrorisé par de vagues gazettes,

Notes

1. Ces trois vers font allusion au comportement du courtisan ; il est prêt à accepter n'importe quoi (on dit aujourd'hui « avaler des couleuvres ») ; il rampe sans cesse derrière son protecteur, se met souvent à genou devant lui et se courbe pour faire des révérences.
2. Allusion à l'expression *ménager la chèvre et le chou*, qui signifie « ne fâcher personne ».
3. **donneur [...] rhubarbe** : prêt à toutes les concessions.
4. **Avoir son encensoir** : se montrer toujours très élogieux (dans l'encensoir, on brûle de l'encens en signe de respect religieux).
5. **giron** : protecteur.
6. **madrigaux** : petits poèmes mondains (au singulier : *madrigal*).
7. **de Sercy** : éditeur du vrai Cyrano.
8. **conciles** : réunions des cardinaux, hauts dignitaires catholiques, notamment pour élire le pape ; il s'agit, ici, d'une comparaison.
9. **sonnet** : poème formé de deux strophes de quatre vers et de deux strophes de trois vers.
10. **mazettes** : maladroits.

Et se dire sans cesse : « Oh, pourvu que je sois
Dans les petits papiers du *Mercure François*[1] ? »…
Non, merci. Calculer, avoir peur, être blême,
Aimer mieux faire une visite qu'un poème,
Rédiger des placets[2], se faire présenter?
Non, merci! non, merci! non, merci! Mais… chanter,
Rêver, rire, passer, être seul, être libre,
Avoir l'œil qui regarde bien, la voix qui vibre,
Mettre, quand il vous plaît, son feutre de travers,
Pour un oui, pour un non, se battre, – ou faire un vers!
Travailler sans souci de gloire ou de fortune,
À tel voyage, auquel on pense, dans la lune!
N'écrire jamais rien qui de soi ne sortît,
Et, modeste d'ailleurs, se dire : mon petit,
Sois satisfait des fleurs, des fruits, même des feuilles,
Si c'est dans ton jardin à toi que tu les cueilles!
Puis, s'il advient d'un peu triompher, par hasard,
Ne pas être obligé d'en rien rendre à César[3],
Vis-à-vis de soi-même en garder le mérite,
Bref, dédaignant d'être le lierre parasite[4],
Lors même qu'on n'est pas le chêne ou le tilleul,
Ne pas monter bien haut, peut-être, mais tout seul!

LE BRET

Tout seul, soit! mais non pas contre tous! Comment diable
As-tu donc contracté[5] la manie effroyable
De te faire toujours, partout, des ennemis?

Notes

1. Il s'agit du *Mercure français*, une revue dirigée par Théophraste Renaudot, l'inventeur de la gazette.
2. **placets** : courriers demandant l'intervention d'une personne importante.
3. **César** : empereur romain; il s'agit plus généralement, ici, du pouvoir politique; allusion à « *Rendez à César ce qui est à César, et à Dieu ce qui est à Dieu* » dans l'évangile de Luc (XX, 22-26).
4. Le lierre vit aux dépens du support sur lequel il pousse.
5. **contracté** : pris.

CYRANO

À force de vous voir vous faire des amis,
Et rire à ces amis dont vous avez des foules,
D'une bouche empruntée au derrière des poules!
J'aime raréfier sur mes pas les saluts,
Et m'écrie avec joie : un ennemi de plus!

LE BRET

Quelle aberration[1]!

CYRANO

Eh bien! oui, c'est mon vice.
Déplaire est mon plaisir. J'aime qu'on me haïsse.
Mon cher, si tu savais comme l'on marche mieux
Sous la pistolétade[2] excitante des yeux!
[…]

LE BRET, *après un silence, passant son bras sous le sien.*

Fais tout haut l'orgueilleux et l'amer, mais, tout bas,
Dis-moi tout simplement qu'elle ne t'aime pas!

CYRANO, *vivement.*

Tais-toi!

Depuis un moment, Christian est entré, s'est mêlé aux cadets; ceux-ci ne lui adressent pas la parole; il a fini par s'asseoir seul à une petite table, où Lise le sert.

Notes

1. **aberration** : absurdité.

2. **pistolétade** : fusillade.

« Et que faudrait-il faire ? »

Questions sur la scène 8 de l'acte II (v. 957 à 1014, pp. 100 à 103)

QUE S'EST-IL PASSÉ ENTRE-TEMPS ?

1 Complétez les phrases avec les noms des personnages suivants :

cardinal de Richelieu – *Christian de Neuvillette* – *Ragueneau* – *le Comte de Guiche* (deux fois) – *la Duègne* – *Cyrano* (trois fois) – *Lignière* – *Roxane*

a) .... demande à Cyrano de recevoir Roxane.

b) ...., appréciant l'esprit de ...., aimerait que ce dernier entre à son service; il lui propose d'intervenir en sa faveur auprès de son oncle, le ....

c) À la porte de Nesle, ... a triomphé des hommes envoyés par .... pour punir le poète ....

d) Le pâtissier .... offre à .... une plume de cygne pour qu'il écrive la lettre qu'il compte remettre directement à ....

e) .... vient tout juste d'entrer chez les cadets.

2 Depuis combien de temps Cyrano et Roxane se connaissent-ils ?

3 En quoi consiste le quiproquo* amoureux ?

** quiproquo* : **malentendu.**

4 Roxane s'intéresse-t-elle au combat de Cyrano contre les cent hommes qui attendaient Lignière ? Justifiez votre réponse en une phrase.

Avez-vous bien lu ?

5 Quels reproches Le Bret adresse-t-il à Cyrano ?

6 Entourez la réponse qui convient :

a) Cyrano **veut / ne veut pas** payer pour être édité.

b) Cyrano **veut / ne veut pas** flatter les puissants pour réussir.

c) Cyrano **veut / ne veut pas** rire et chanter.

d) Cyrano **veut / ne veut pas** se débrouiller seul.

e) Cyrano **veut / ne veut pas** connaître la liberté.

Le rôle des didascalies*

7 Indiquez, pour la didascalie en tête de la scène ainsi que pour les trois didascalies de l'extrait, la classe grammaticale des groupes (participe, subordonnée…) qui les composent. Quelles sortes de précisions apportent-elles ?

*** *didascalies* : indications concernant la mise en scène (ton, mouvement…).**

8 Quelles informations le spectateur déduit-il de chacune de ces didascalies ? Pourquoi, selon vous, Edmond Rostand a-t-il pris soin de les rédiger ?

9 Imaginez quatre didascalies pouvant accompagner la tirade de Cyrano (v. 964 à 1014).

L'amitié de Le Bret

10 Au vers 964, Le Bret n'achève pas sa phrase : imaginez la suite. Quelles sont la classe grammaticale et la fonction de la proposition au vers 963 ? Et quelle est la classe grammaticale de la proposition commencée au vers 964 ?

11 À quoi voit-on que Le Bret et Cyrano sont amis ?

Les propositions

- La proposition est un groupe de mots centré sur un verbe conjugué.
- On distingue trois grandes classes grammaticales de propositions :

– la **proposition indépendante**, qui se suffit à elle-même;
Ex. : *[Cyrano **est** courageux] ; [rien ne l'**effraie**].*
P. indépendante P. indépendante

– la **proposition principale**, qui dirige la **proposition subordonnée**;
Ex. : *[Le Bret **aimerait**] [que Cyrano **écoute** ses conseils].*
P. principale P. subordonnée

– la **proposition subordonnée**, qui, selon son mot introducteur, peut être une relative, une interrogative ou une conjonctive.

- Les subordonnées ont une fonction comme les groupes nominaux : COD, COI, complément circonstanciel (cause, but, condition…), etc.

La tirade de Cyrano

12 Relevez, au début de la tirade, un vers qui résume, pour Cyrano, les deux attitudes possibles face à l'existence.

Les modes verbaux

On distingue les modes personnels (le verbe varie selon la personne) et les modes impersonnels (il n'y a pas de personne) :
– les **modes personnels** sont : l'indicatif, le conditionnel, le subjonctif et l'impératif (2e personne du singulier, 1re et 2e personnes du pluriel);
– les **modes impersonnels** sont : l'infinitif et le participe.

13 Quel est le mode impersonnel le plus utilisé dans cette tirade ? Dans quel type de texte le rencontre-t-on habituellement ? Quel est l'effet produit ici ?

14 Relevez une anaphore*. Que signifie-t-elle ? Pourquoi Rostand choisit-il ce procédé, selon vous ?

*** *anaphore* : procédé de style consistant en la répétition d'un mot ou d'une expression en tête de phrase ou de vers.**

La phrase interrogative

• En général, la phrase interrogative exprime une question qui appelle une réponse.
• Les phrases interrogatives pour lesquelles on n'attend pas de réponse s'appellent des « interrogations rhétoriques ».
Ex. : *Et je serais le seul à travailler ?*

15 Dans quelle partie de la tirade peut-on relever des phrases interrogatives ? Qu'exprime la première de ces interrogations ? Qu'expriment les autres ?

16 Déduisez de vos réponses aux questions précédentes le plan du discours de Cyrano.

17 Quelles attitudes Cyrano rejette-t-il ? Qu'ont-elles en commun ?

18 Cyrano cherche-t-il absolument à être connu ? Qu'est-ce qui est essentiel pour lui ? Quel vers résume son choix de vie ?

19 Quelle comparaison figurant dans les premiers vers revient en conclusion de la tirade sous la forme d'un procédé voisin (voir encadré, p. 54) ? Que signifie-t-elle ? Quel est le procédé ? Quel effet produit cette reprise ?

À VOS PLUMES !

20 Composez un dialogue entre deux ami(e)s qui débattent, aujourd'hui, de ce que signifie *réussir sa vie*. Vous insérerez, dans une des répliques, le vers de Cyrano *« Ne pas monter bien haut, peut-être, mais tout seul ! »*. Trois didascalies au moins accompagneront votre dialogue.

21 En reprenant le plan de la tirade de Cyrano et en vous inspirant des procédés (infinitifs, anaphores…) employés par Edmond Rostand, écrivez un discours en prose d'une quinzaine de lignes, dans lequel vous défendrez une cause qui vous tient à cœur (enfance maltraitée, environnement…).

Cyrano (José Ferrer) prêtant son éloquence à Christian (William Prince) dans le film de Michael Gordon (1950).

SCÈNE 9

CYRANO, LE BRET, LES CADETS, CHRISTIAN DE NEUVILLETTE

[Christian apprend qu'il est en présence du célèbre Cyrano et qu'il suffit d'évoquer son nez pour provoquer sa colère. Les cadets ont demandé à Cyrano de raconter son combat.]

PREMIER CADET, *à Cyrano.*

Maintenant, ton récit !

TOUS

Son récit !

CYRANO, *redescend vers eux.*

Mon récit ?...

Tous rapprochent leurs escabeaux, se groupent autour de lui, tendent le col. Christian s'est mis à cheval sur une chaise.

Eh bien ! donc je marchais tout seul, à leur rencontre.
La lune, dans le ciel, luisait comme une montre,
Quand soudain, je ne sais quel soigneux horloger
S'étant mis à passer un coton nuager[1]
Sur le boîtier d'argent de cette montre ronde,
Il se fit une nuit la plus noire du monde,
Et les quais n'étant pas du tout illuminés,
Mordious ! on n'y voyait pas plus loin...

CHRISTIAN

Que son nez.

Silence. Tout le monde se lève lentement. On regarde Cyrano avec terreur. Celui-ci s'est interrompu, stupéfait. Attente.

CYRANO

Qu'est-ce que c'est que cet homme-là ?

Note

1. **un coton nuager** : un nuage (néologisme inspiré du langage à la mode dans les salons du XVIIe siècle).

UN CADET, *à mi-voix.*

C'est un homme
Arrivé ce matin.

CYRANO, *faisant un pas vers Christian.*

Ce matin ?

CARBON, *à mi-voix.*

Il se nomme
Le baron de Neuvil…

CYRANO, *vivement, s'arrêtant.*

Ah ! c'est bien…

Il pâlit, rougit, a encore un mouvement pour se jeter sur Christian.

Je…

Puis, il se domine, et dit d'une voix sourde.

Très bien…

Il reprend.

Je disais donc…

Avec un éclat de rage dans la voix.

Mordious !…

Il continue d'un ton naturel.

que l'on n'y voyait rien.

Stupeur. On se rassied en se regardant.

Et je marchais, songeant que pour un gueux fort mince
J'allais mécontenter quelque grand, quelque prince,
Qui m'aurait sûrement…

CHRISTIAN

Dans le nez…

Tout le monde se lève. Christian se balance sur sa chaise.

CYRANO, *d'une voix étranglée.*

Une dent…
Qui m'aurait une dent… et qu'en somme, imprudent,
J'allais fourrer…

CHRISTIAN

Le nez…

CYRANO

Le doigt… entre l'écorce
Et l'arbre[1], car ce grand pouvait être de force
À me faire donner…

CHRISTIAN

Sur le nez…

CYRANO, *essuyant la sueur à son front.*

Sur les doigts.
Mais j'ajoutai : Marche, Gascon, fais ce que dois[2] !
Va, Cyrano ! Et ce disant, je me hasarde,
Quand, dans l'ombre, quelqu'un me porte…

CHRISTIAN

Une nasarde[3].

CYRANO

Je la pare et soudain me trouve…

CHRISTIAN

Nez à nez…

CYRANO, *bondissant vers lui.*

Ventre-saint-gris[4] !

Tous les Gascons se précipitent pour voir ; arrivé sur Christian, il se maîtrise et continue.

… Avec cent braillards avinés[5]
Qui puaient…

CHRISTIAN

À plein nez…

Notes

1. Allusion à une ancienne expression signifiant que quelqu'un se mêle de ce qui ne le regarde pas.
2. **ce que dois** : ce que tu dois.
3. **Une nasarde** : un coup sur le nez.
4. *Ventre-saint-gris* est un juron courant au début du XVIIe siècle.
5. **braillards avinés** : ivrognes criant.

CYRANO, *blême et souriant.*

L'oignon et la litharge[1] !
Je bondis, front baissé…

CHRISTIAN

Nez au vent !

CYRANO

Et je charge !
J'en estomaque deux[2] ! J'en empale[3] un tout vif !
Quelqu'un m'ajuste : Paf ! et je riposte[4]…

CHRISTIAN

Pif !

CYRANO, *éclatant.*

Tonnerre ! Sortez tous !

Tous les cadets se précipitent vers les portes.

PREMIER CADET

C'est le réveil du tigre !

CYRANO

Tous ! Et laissez-moi seul avec cet homme !

DEUXIÈME CADET

Bigre !
On va le retrouver en hachis !

RAGUENEAU

En hachis ?

UN AUTRE CADET

Dans un de vos pâtés !

Notes

1. **litharge** : oxyde de plomb, servant notamment à adoucir les mauvais vins.
2. **J'en estomaque deux** : j'en frappe deux à l'estomac.
3. **J'en empale** : j'en embroche.
4. **je riposte** : je réponds, je m'oppose.

RAGUENEAU

Je sens que je blanchis,
Et que je m'amollis comme une serviette !

CARBON

Sortons !

UN AUTRE

Il n'en va pas laisser une miette !

UN AUTRE

Ce qui va se passer ici, j'en meurs d'effroi !

UN AUTRE, *refermant la porte de droite.*

Quelque chose d'épouvantable !

Ils sont tous sortis, – soit par le fond, soit par les côtés ; quelques-uns ont disparu par l'escalier. Cyrano et Christian restent face à face, et se regardent un moment.

SCÈNE 10

CYRANO, CHRISTIAN

CYRANO

Embrasse-moi !

CHRISTIAN

Monsieur…

CYRANO

Brave.

CHRISTIAN

Ah çà ! mais !…

CYRANO

Très brave. Je préfère.

CHRISTIAN

Me direz-vous ?…

CYRANO

Embrasse-moi. Je suis son frère.

CHRISTIAN

De qui?

CYRANO

Mais d'elle!

CHRISTIAN

Hein?

CYRANO

Mais de Roxane!

CHRISTIAN, *courant à lui.*

Ciel!

Vous, son frère?

CYRANO

Ou tout comme : un cousin fraternel.

CHRISTIAN

Elle vous a?...

CYRANO

Tout dit!

CHRISTIAN

M'aime-t-elle?

CYRANO

Peut-être!

CHRISTIAN, *lui prenant les mains.*

Comme je suis heureux, Monsieur, de vous connaître!

CYRANO

Voilà ce qui s'appelle un sentiment soudain.

CHRISTIAN

Pardonnez-moi...

CYRANO, *le regardant et lui mettant la main sur l'épaule.*

C'est vrai qu'il est beau, le gredin!

CHRISTIAN

Si vous saviez, Monsieur, comme je vous admire !

CYRANO

Mais tous ces nez que vous m'avez…

CHRISTIAN

Je les retire !

CYRANO

Roxane attend ce soir une lettre…

CHRISTIAN

Hélas !

CYRANO

Quoi ?

CHRISTIAN

C'est me perdre que de cesser de rester coi[1] !

CYRANO

Comment ?

CHRISTIAN

Las[2] ! je suis sot à m'en tuer de honte.

CYRANO

Mais non, tu ne l'es pas, puisque tu t'en rends compte.
D'ailleurs, tu ne m'as pas attaqué comme un sot.

CHRISTIAN

Bah ! on trouve des mots quand on monte à l'assaut !
Oui, j'ai certain esprit facile et militaire,
Mais je ne sais, devant les femmes, que me taire.
Oh ! leurs yeux, quand je passe, ont pour moi des bontés…

CYRANO

Leurs cœurs n'en ont-ils plus quand vous vous arrêtez ?

Notes

1. **coi** : silencieux.

2. **Las** : hélas.

CHRISTIAN

Non ! car je suis de ceux, – je le sais… et je tremble ! –
Qui ne savent parler d'amour.

CYRANO

Tiens !… Il me semble
Que si l'on eût pris soin de me mieux modeler,
J'aurais été de ceux qui savent en parler.

CHRISTIAN

Oh ! pouvoir exprimer les choses avec grâce !

CYRANO

Être un joli petit mousquetaire qui passe !

CHRISTIAN

Roxane est précieuse et sûrement je vais
Désillusionner[1] Roxane !

CYRANO, *regardant Christian.*

Si j'avais
Pour exprimer mon âme un pareil interprète !

CHRISTIAN, *avec désespoir.*

Il me faudrait de l'éloquence !

CYRANO, *brusquement.*

Je t'en prête !
Toi, du charme physique et vainqueur, prête-m'en :
Et faisons à nous deux un héros de roman !

CHRISTIAN

Quoi ?

CYRANO

Te sens-tu de force à répéter les choses
Que chaque jour je t'apprendrai ?…

CHRISTIAN

Tu me proposes ?…

Note

1. **Désillusionner** : décevoir.

CYRANO

Roxane n'aura pas de désillusions !
Dis, veux-tu qu'à nous deux nous la séduisions ?
Veux-tu sentir passer, de mon pourpoint de buffle
Dans ton pourpoint brodé, l'âme que je t'insuffle[1] !

CHRISTIAN

Mais, Cyrano !...

CYRANO

Christian, veux-tu ?

CHRISTIAN

Tu me fais peur !

CYRANO

Puisque tu crains, tout seul, de refroidir son cœur,
Veux-tu que nous fassions – et bientôt tu l'embrases[2] ! –
Collaborer un peu tes lèvres et mes phrases ?

CHRISTIAN

Tes yeux brillent !...

CYRANO

Veux-tu ?...

CHRISTIAN

Quoi ! cela te ferait
Tant de plaisir ?

CYRANO, *avec enivrement*[3].

Cela...

Se reprenant, et en artiste.

Cela m'amuserait !
C'est une expérience à tenter un poète.
Veux-tu me compléter et que je te complète ?

Notes

1. **je t'insuffle** : je te transmets par le souffle.
2. **tu l'embrases** : tu la rends amoureuse (littéralement, tu l'enflammes).
3. ***avec enivrement*** : exalté jusqu'à l'ivresse.

Tu marcheras, j'irai dans l'ombre à ton côté :
Je serai ton esprit, tu seras ma beauté.

CHRISTIAN

Mais la lettre qu'il faut, au plus tôt, lui remettre !
Je ne pourrai jamais...

CYRANO, *sortant de son pourpoint la lettre qu'il a écrite.*

Tiens, la voilà, ta lettre !

CHRISTIAN

Comment ?

CYRANO

Hormis[1] l'adresse, il n'y manque plus rien.

CHRISTIAN

Je...

CYRANO

Tu peux l'envoyer. Sois tranquille. Elle est bien.

CHRISTIAN

Vous aviez ?...

CYRANO

Nous avons toujours, nous, dans nos poches,
Des épîtres[2] à des Chloris[3]... de nos caboches[4],
Car nous sommes ceux-là qui pour amante n'ont
Que du rêve soufflé dans la bulle d'un nom !...
Prends, et tu changeras en vérités ces feintes[5] ;
Je lançais au hasard ces aveux et ces plaintes :
Tu verras se poser tous ces oiseaux errants.
Tu verras que je fus dans cette lettre – prends ! –

Notes

1. **Hormis** : excepté.
2. **épîtres** : lettres.
3. **Chloris** : prénom féminin de la femme aimée dans des poèmes précieux de Théophile de Viau (1590-1626).
4. **caboches** : têtes, esprits.
5. **feintes** : propos imaginaires.

D'autant plus éloquent que j'étais moins sincère !
Prends donc, et finissons !

CHRISTIAN

N'est-il pas nécessaire
De changer quelques mots ? Écrite en divaguant,
Ira-t-elle à Roxane ?

CYRANO

Elle ira comme un gant !

CHRISTIAN

Mais…

CYRANO

La crédulité[1] de l'amour-propre[2] est telle,
Que Roxane croira que c'est écrit pour elle !

CHRISTIAN

Ah ! mon ami !

Il se jette dans les bras de Cyrano. Ils restent embrassés[3].

SCÈNE 11

CYRANO, CHRISTIAN, LES GASCONS, LE MOUSQUETAIRE, LISE

UN CADET, *entrouvrant la porte.*

Plus rien… Un silence de mort…
Je n'ose regarder…

Il passe la tête.

Hein ?

TOUS LES CADETS, *entrant et voyant Cyrano et Christian qui s'embrassent.*

Ah !… Oh !…

Notes

1. **crédulité** : confiance exagérée.
2. **amour-propre** : estime de soi.
3. ***embrassés*** : dans les bras l'un de l'autre (le verbe *embrasser* est un mot de la famille de *bras*).

UN CADET

C'est trop fort!

Consternation.

LE MOUSQUETAIRE, *goguenard.*

Ouais?...

CARBON

Notre démon est doux comme un apôtre[1]!
Quand sur une narine on le frappe, il tend l'autre[2]?

LE MOUSQUETAIRE

On peut donc lui parler de son nez, maintenant?

Appelant Lise, d'un air triomphant.

Eh! Lise! Tu vas voir!

Humant l'air avec affectation[3].

Oh!... Oh!... c'est surprenant!
Quelle odeur!...

Allant à Cyrano, dont il regarde le nez avec impertinence[4].

Mais monsieur doit l'avoir reniflée?
Qu'est-ce que cela sent ici?...

CYRANO, *le souffletant[5].*

La giroflée[6]!

Joie. Les cadets ont retrouvé Cyrano : ils font des culbutes[7].

RIDEAU

Notes

1. **apôtre** : disciple de Jésus; les apôtres prêchent la douceur et la paix.
2. Allusion à une parole de Jésus invitant à tendre la joue gauche à celui qui vous frappe la joue droite (évangile de Matthieu, V, 39).
3. ***avec affectation*** : de façon peu naturelle.
4. ***impertinence*** : insolence.
5. ***souffletant*** : giflant.
6. **giroflée** : jeu de mots, puisque le mot désigne une fleur odorante ou une gifle.
7. ***culbutes*** : acrobaties.

Le baiser de Roxane (Françoise Gillard) à Christian (Éric Ruf) sous les yeux de Cyrano (Michel Vuillermoz), dans la mise en scène de Denis Podalydès à la Comédie-Française en 2006.

Acte III

Le baiser de Roxane

Une petite place dans l'ancien Marais. Vieilles maisons. Perspectives de ruelles. À droite, la maison de Roxane et le mur de son jardin que débordent de larges feuillages. Au-dessus de la porte, fenêtre et balcon. Un banc devant le seuil.

Du lierre grimpe au mur, du jasmin[1] enguirlande[2] le balcon, frissonne et retombe.

Par le banc et les pierres en saillie du mur[3], on peut facilement grimper au balcon.

En face, une ancienne maison de même style, brique et pierre, avec une porte d'entrée. Le heurtoir de cette porte est emmailloté de linge comme un pouce malade.

Au lever du rideau, la duègne est assise sur le banc. La fenêtre est grande ouverte sur le balcon de Roxane.

Près de la duègne se tient debout Ragueneau, vêtu d'une sorte de livrée[4] : il termine un récit en s'essuyant les yeux.

Notes

1. ***jasmin*** : plante dont les fleurs sont très parfumées.
2. ***enguirlande*** : s'entoure autour du balcon comme une guirlande.
3. ***en saillie du mur*** : qui dépasse du mur.
4. ***livrée*** : costume porté par les domestiques.

SCÈNE PREMIÈRE

RAGUENEAU, LA DUÈGNE, *puis* ROXANE, CYRANO
et LES DEUX PAGES

[...]

LA DUÈGNE, *minaudant*[1].

Mais oui !

Criant vers la fenêtre.

Roxane, il faut descendre,
Ou nous allons manquer le discours sur le Tendre[2] !

LA VOIX DE ROXANE

Je viens !

On entend un bruit d'instruments à cordes qui se rapproche.

LA VOIX DE CYRANO, *chantant dans la coulisse.*

La ! la ! la ! la !

LA DUÈGNE, *surprise.*

On nous joue un morceau ?

CYRANO, *suivi de deux pages porteurs de théorbes*[3].

Je vous dis que la croche est triple[4], triple sot !

PREMIER PAGE, *ironique.*

Vous savez donc, Monsieur, si les croches sont triples ?

CYRANO

Je suis musicien, comme tous les disciples
De Gassendi[5] !

LE PAGE, *jouant et chantant.*

La ! la !

Notes

1. *minaudant* : faisant des manières.
2. **le Tendre** : l'art de la galanterie.
3. *théorbes* : instruments à cordes pincées de la famille du luth.
4. **la croche est triple** : la note est une triple croche (rythme très rapide).
5. Gassendi (1592-1655) est un philosophe dont Cyrano a probablement été l'élève.

Cyrano, *lui arrachant le théorbe et continuant la phrase musicale.*
Je peux continuer !
La ! la ! la ! la !

Roxane, *paraissant sur le balcon.*
C'est vous ?

Cyrano, *chantant sur l'air qu'il continue.*
Moi qui viens saluer
Vos lis, et présenter mes respects à vos ro…ses[1] !

Roxane

Je descends !

Elle quitte le balcon.

la duègne, *montrant les pages.*
Qu'est-ce donc que ces deux virtuoses ?

Cyrano

C'est un pari que j'ai gagné sur d'Assoucy.
Nous discutions un point de grammaire. – Non ! – Si ! –
Quand soudain me montrant ces deux grands escogriffes[2]
Habiles à gratter les cordes de leurs griffes,
Et dont il fait toujours son escorte, il me dit :
« Je te parie un jour de musique ! » Il perdit.
Jusqu'à ce que Phœbus[3] recommence son orbe[4],
J'ai donc sur mes talons ces joueurs de théorbe,
De tout ce que je fais harmonieux témoins !…
Ce fut d'abord charmant, et ce l'est déjà moins.

Aux musiciens.

Hep !… Allez de ma part jouer une pavane[5]
À Montfleury !

Les pages remontent pour sortir. – À la duègne.

Notes

1. La beauté de la femme est souvent associée au lis (ou lys) et à la rose.
2. **escogriffes** : hommes grands, maigres et mal bâtis.
3. **Phœbus** : ici, le Soleil.
4. **orbe** : circuit (orbite).
5. **pavane** : musique pour accompagner une danse solennelle.

Je viens demander à Roxane
Ainsi que chaque soir…

Aux pages qui sortent.

Jouez longtemps, – et faux !

À la duègne.

… Si l'ami de son âme est toujours sans défauts ?[1]

ROXANE, *sortant de la maison.*

Ah ! qu'il est beau, qu'il a d'esprit et que je l'aime !

CYRANO, *souriant.*

Christian a tant d'esprit ?

ROXANE

Mon cher, plus que vous-même !

CYRANO

J'y consens[2].

ROXANE

Il ne peut exister à mon goût
Plus fin diseur de ces jolis riens qui sont tout.
Parfois il est distrait, ses Muses[3] sont absentes ;
Puis, tout à coup, il dit des choses ravissantes !

CYRANO, *incrédule.*

Non ?

ROXANE

C'est trop fort ! Voilà comme les hommes sont :
Il n'aura pas d'esprit puisqu'il est beau garçon !

CYRANO

Il sait parler du cœur d'une façon experte ?

ROXANE

Mais il n'en parle pas, Monsieur, il en disserte[4] !

Notes

1. Faute figurant dans l'édition d'origine, ce point d'interrogation à la fin d'une interrogation indirecte est incorrect.
2. **J'y consens** : je l'accepte.
3. **Muses** : divinités antiques inspirant les poètes.
4. **disserte** : parle de façon développée.

CYRANO

Il écrit?

ROXANE

Mieux encore! Écoutez donc un peu :

Déclamant.

« Plus tu me prends de cœur, plus j'en ai !... »

Triomphante, à Cyrano.

Eh! bien!

CYRANO

Peuh!...

ROXANE

Et ceci : *« Pour souffrir, puisqu'il m'en faut un autre,*
Si vous gardez mon cœur[1]*, envoyez-moi le vôtre ! »*

CYRANO

Tantôt il en a trop et tantôt pas assez.
Qu'est-ce au juste qu'il veut, de cœur?...

ROXANE, *frappant du pied.*

Vous m'agacez!

C'est la jalousie...

CYRANO, *tressaillant*[2].

Hein!

ROXANE

...d'auteur qui vous dévore!
– Et ceci, n'est-il pas du dernier[3] tendre encore?
« Croyez que devers vous mon cœur ne fait qu'un cri,
Et que, si les baisers s'envoyaient par écrit,
Madame, vous liriez ma lettre avec les lèvres !... »

Notes

1. ***cœur*** : jeu de mots, car *cœur* signifie aussi « courage ».

2. ***tressaillant*** : sursautant.

3. **du dernier** : extrêmement.

CYRANO, *souriant malgré lui de satisfaction.*
Ha! ha! ces lignes-là sont… hé! hé!

Se reprenant et avec dédain.

Mais bien mièvres[1]!

ROXANE

Et ceci…

CYRANO, *ravi.*

Vous savez donc ses lettres par cœur?

ROXANE

Toutes!

CYRANO, *frisant sa moustache.*

Il n'y a pas à dire : c'est flatteur!

ROXANE

C'est un maître!

CYRANO, *modeste.*

Oh!… un maître!…

ROXANE, *péremptoire*[2].

Un maître!…

CYRANO, *saluant.*

Soit!… [un maître!

LA DUÈGNE, *qui était remontée, redescendant vivement.*
Monsieur de Guiche!

À Cyrano, le poussant vers la maison.

Entrez!… car il vaut mieux, peut-être,
Qu'il ne vous trouve pas ici; cela pourrait
Le mettre sur la piste…

Notes

1. **mièvres** : sans originalité, de qualité médiocre.

2. ***péremptoire*** : autoritaire.

ROXANE, *à Cyrano.*

Oui, de mon cher secret !
Il m'aime, il est puissant, il ne faut pas qu'il sache !
Il peut dans mes amours donner un coup de hache !

CYRANO, *entrant dans la maison.*

Bien ! bien ! bien !

De Guiche paraît.

SCÈNE 2

ROXANE, DE GUICHE, LA DUÈGNE, *à l'écart.*

ROXANE, *à De Guiche, lui faisant une révérence.*

Je sortais.

DE GUICHE

Je viens prendre congé.

ROXANE

Vous partez ?

DE GUICHE

Pour la guerre.

ROXANE

Ah !

DE GUICHE

Ce soir même.

ROXANE

Ah !

DE GUICHE

J'ai
Des ordres. On assiège Arras[1].

Note

1. **Arras** : aujourd'hui, chef-lieu du département du Pas-de-Calais ; en 1640, après un long siège, les Français reprennent la ville aux Espagnols qui la détenaient depuis 1492.

ROXANE

Ah!… on assiège?…

DE GUICHE

Oui… Mon départ a l'air de vous laisser de neige[1].

ROXANE, *poliment.*

Oh!…

DE GUICHE

Moi, je suis navré[2]. Vous reverrai-je?… Quand?
– Vous savez que je suis nommé mestre[3] de camp?

ROXANE, *indifférente.*

Bravo.

DE GUICHE

Du régiment des gardes.

ROXANE, *saisie.*

Ah! des gardes?

DE GUICHE

Où sert votre cousin, l'homme aux phrases vantardes.
Je saurai me venger de lui, là-bas.

ROXANE, *suffoquée.*

Comment!

Les gardes vont là-bas?

DE GUICHE, *riant.*

Tiens! c'est mon régiment!

ROXANE, *tombant assise sur le banc, – à part.*

Christian!

DE GUICHE

Qu'avez-vous?

Notes

1. **de neige** : de glace, insensible.
2. **navré** : profondément blessé.
3. **mestre** : maître; le mestre de camp commande un régiment.

ROXANE, *tout émue.*

Ce… départ… me désespère !
Quand on tient à quelqu'un, le savoir à la guerre !

DE GUICHE, *surpris et charmé.*

Pour la première fois me dire un mot si doux,
Le jour de mon départ !

ROXANE, *changeant de ton et s'éventant*[1].

Alors, vous allez vous
Venger de mon cousin ?…

DE GUICHE, *souriant.*

On est pour lui ?

ROXANE

Non, contre !

DE GUICHE

Vous le voyez ?

ROXANE

Très peu.

DE GUICHE

Partout on le rencontre
Avec un des Cadets…

Il cherche le nom.

Ce Neu… villen… viller…

ROXANE

Un grand ?

DE GUICHE

Blond.

ROXANE

Roux.

DE GUICHE

Beau !

Note

1. ***s'éventant*** : agitant son éventail.

ROXANE

Peuh!

DE GUICHE

Mais bête.

ROXANE

Il en a l'air!

Changeant de ton.

... Votre vengeance envers Cyrano, – c'est peut-être
De l'exposer au feu, qu'il adore ?... Elle est piètre[1] !
Je sais bien, moi, ce qui lui serait sanglant!

DE GUICHE

C'est ?...

ROXANE

Mais si le régiment, en partant, le laissait
Avec ses chers Cadets, pendant toute la guerre,
À Paris, bras croisés! C'est la seule manière,
Un homme comme lui, de le faire enrager :
Vous voulez le punir ? privez-le de danger.

DE GUICHE

Une femme! une femme! il n'y a qu'une femme
Pour inventer ce tour[3] !

ROXANE

Il se rongera l'âme[2],
Et ses amis les poings[4], de n'être pas au feu[5] :
Et vous serez vengé!

DE GUICHE, *se rapprochant.*

Vous m'aimez donc un peu!

Elle sourit.

Notes

1. **piètre** : médiocre.
2. **Il se rongera l'âme** : il regrettera amèrement.
3. **tour** : mauvais tour, ruse.
4. Ses amis se rongeront les poings.
5. **de n'être pas au feu** : de ne pas participer à la bataille.

Je veux voir dans ce fait d'épouser ma rancune[1]
Une preuve d'amour, Roxane !

ROXANE

C'en est une.

DE GUICHE, *montrant plusieurs plis cachetés.*

J'ai les ordres sur moi qui vont être transmis
À chaque compagnie, à l'instant même, hormis…

Il en détache un.

Celui-ci ! C'est celui des Cadets.

Il le met dans sa poche.

Je le garde.

Riant.

Ah ! ah ! ah ! Cyrano !… Son humeur bataillarde[2] !…
– Vous jouez donc des tours aux gens, vous ?…

ROXANE, *le regardant.*

Quelquefois.

DE GUICHE, *tout près d'elle.*

Vous m'affolez ! Ce soir – écoutez – oui, je dois
Être parti. Mais fuir quand je vous sens émue !…
Écoutez. Il y a, près d'ici, dans la rue
D'Orléans, un couvent fondé par le syndic[3]
Des capucins[4], le Père Athanase. Un laïc[5]
N'y peut entrer. Mais les bons Pères, je m'en charge !
Ils peuvent me cacher dans leur manche : elle est large.
Ce sont les capucins qui servent Richelieu
Chez lui ; redoutant l'oncle, ils craignent le neveu.

Notes

1. **d'épouser ma rancune** : de partager ma soif de vengeance.
2. **bataillarde** : batailleuse (néologisme).
3. **syndic** : représentant officiel.
4. **capucins** : religieux appartenant à un ordre qui suit le modèle de saint François.
5. **laïc** : personne qui n'appartient pas à un ordre religieux.

On me croira parti. Je viendrai sous le masque.
Laisse-moi retarder d'un jour, chère fantasque[1] !

ROXANE, *vivement.*

Mais si cela s'apprend, votre gloire[2]…

DE GUICHE

Bah !

ROXANE

Mais

Le siège[3], Arras…

DE GUICHE

Tant pis ! Permettez !

ROXANE

Non !

DE GUICHE

Permets !

ROXANE, *tendrement.*

Je dois vous le défendre !

DE GUICHE

Ah !

ROXANE

Partez !

À part.

Christian reste.

Haut.

Je vous veux héroïque. – Antoine !

DE GUICHE

Mot céleste !

Vous aimez donc celui ?…

Notes

1. **fantasque :** capricieuse.
2. **gloire :** honneur.
3. **siège :** opération militaire qui consiste à encercler le lieu dont on veut s'emparer.

ROXANE

Pour lequel j'ai frémi.

DE GUICHE, *transporté de joie.*

Ah ! je pars !

Il lui baise la main.

Êtes-vous contente ?

ROXANE

Oui, mon ami !

Il sort.

LA DUÈGNE, *lui faisant dans le dos une révérence comique.*

Oui, mon ami !

ROXANE, *à la duègne.*

Taisons ce que je viens de faire :
Cyrano m'en voudrait de lui voler sa guerre !

Elle appelle vers la maison.

Cousin !

[Scènes 3 et 4 : tandis que Roxane et la duègne rejoignent un salon mondain, Christian, repoussant l'aide de Cyrano, s'apprête à déclarer son amour tout simplement. Sortant de la maison de Clomire, Roxane voit Christian et va à lui.]

SCÈNE 5

CHRISTIAN, ROXANE, QUELQUES PRÉCIEUX ET PRÉCIEUSES, ET LA DUÈGNE, *un instant.*

ROXANE, *saluant encore.*

[...]
Asseyons-nous. Parlez. J'écoute.

CHRISTIAN, *s'assied près d'elle, sur le banc. Un silence.*

Je vous aime.

ROXANE, *fermant les yeux.*

Oui, parlez-moi d'amour[1].

CHRISTIAN

Je t'aime.

ROXANE

C'est le thème.

Brodez[2], brodez.

CHRISTIAN

Je vous…

ROXANE

Brodez !

CHRISTIAN

Je t'aime tant.

ROXANE

Sans doute[3]. Et puis ?

CHRISTIAN

Et puis… je serais si content
Si vous m'aimiez ! – Dis-moi, Roxane, que tu m'aimes !

ROXANE, *avec une moue.*

Vous m'offrez du brouet[4] quand j'espérais des crèmes !
Dites un peu comment vous m'aimez ?

CHRISTIAN

Mais… beaucoup.

ROXANE

Oh !… Délabyrinthez vos sentiments[5] !

Notes

1. Le discours amoureux est un art prisé par les précieuses.
2. **Brodez** : développez.
3. **Sans doute** : certainement.
4. **brouet** : soupe ordinaire.
5. **Délabyrinthez vos sentiments** : exposez la complexité de vos sentiments (néologisme dans le style précieux apprécié par Roxane).

CHRISTIAN, *qui s'est rapproché et dévore des yeux la nuque blonde.*

Ton cou !

Je voudrais l'embrasser !...

ROXANE

Christian !

CHRISTIAN

Je t'aime !

ROXANE, *voulant se lever.*

Encore !

CHRISTIAN, *vivement, la retenant.*

Non, je ne t'aime pas !

ROXANE, *se rasseyant.*

C'est heureux.

CHRISTIAN

Je t'adore !

ROXANE, *se levant et s'éloignant.*

Oh !

CHRISTIAN

Oui... je deviens sot !

ROXANE, *sèchement.*

Et cela me déplaît !

Comme il me déplairait que vous devinssiez[1] laid.

CHRISTIAN

Mais...

ROXANE

Allez rassembler votre éloquence[2] en fuite !

CHRISTIAN

Je...

Notes

1. **devinssiez** : imparfait du subjonctif du verbe *devenir*.

2. **éloquence** : art de bien parler.

ROXANE

Vous m'aimez, je sais. Adieu.

Elle va vers la maison.

CHRISTIAN

Pas tout de suite !

Je vous dirai…

ROXANE, *poussant la porte pour rentrer.*

Que vous m'adorez… oui, je sais.

Non ! non ! Allez-vous-en !

CHRISTIAN

Mais je…

Elle lui ferme la porte au nez.

CYRANO, *qui depuis un moment est rentré sans être vu.*

C'est un succès.

SCÈNE 6

CHRISTIAN, CYRANO, LES PAGES, *un instant.*

CHRISTIAN

Au secours !

CYRANO

Non, Monsieur.

CHRISTIAN

Je meurs si je ne rentre

En grâce[1], à l'instant même…

CYRANO

Et comment puis-je, diantre[2] !

Vous faire, à l'instant même, apprendre ?…

Notes

1. **rentre / En grâce** : retrouve son estime.

2. **diantre** : interjection exprimant la surprise.

CHRISTIAN, *lui saisissant le bras.*

Oh ! là, tiens, vois !

La fenêtre du balcon s'est éclairée.

CYRANO, *ému.*

Sa fenêtre !

CHRISTIAN, *criant.*

Je vais mourir !

CYRANO

Baissez la voix !

CHRISTIAN, *tout bas.*

Mourir !...

CYRANO

La nuit est noire...

CHRISTIAN

Eh bien ?

CYRANO

C'est réparable !

Vous ne méritez pas... Mets-toi là, misérable !
Là, devant le balcon ! Je me mettrai dessous,
Et je te soufflerai tes mots.

CHRISTIAN

Mais...

CYRANO

Taisez-vous !

LES PAGES, *reparaissant au fond, à Cyrano.*

Hep !

CYRANO

Chut !...

Il leur fait signe de parler bas.

PREMIER PAGE, *à mi-voix.*

Nous venons de donner la sérénade[1]
À Montfleury !...

CYRANO, *bas, vite.*

Allez vous mettre en embuscade[2],
L'un à ce coin de rue, et l'autre à celui-ci ;
Et si quelque passant gênant vient par ici,
Jouez un air !

DEUXIÈME PAGE

Quel air, monsieur le gassendiste[3] ?

CYRANO

Joyeux pour une femme, et, pour un homme, triste !

Les pages disparaissent, un à chaque coin de rue. – À Christian.

Appelle-la !

CHRISTIAN

Roxane !

CYRANO, *ramassant des cailloux qu'il jette dans les vitres.*

Attends ! Quelques cailloux.

SCÈNE 7

ROXANE, CHRISTIAN, CYRANO, *d'abord caché sous le balcon.*

ROXANE, *entrouvrant sa fenêtre.*

Qui donc m'appelle ?

CHRISTIAN

Moi.

Notes

1. **donner la sérénade** : au sens propre, « donner un concert sous les fenêtres de quelqu'un qu'on admire » ; au sens figuré, « exprimer son mécontentement à quelqu'un ».

2. **vous mettre en embuscade** : vous cacher et vous tenir prêts à agir.

3. **gassendiste** : disciple du philosophe Gassendi.

ROXANE

Qui, moi?

CHRISTIAN

Christian.

ROXANE, *avec dédain.*

C'est vous?

CHRISTIAN

Je voudrais vous parler.

CYRANO, *sous le balcon, à Christian.*

Bien. Bien. Presque à voix basse.

ROXANE

Non! Vous parlez trop mal. Allez-vous-en!

CHRISTIAN

De grâce[1]!

ROXANE

Non! Vous ne m'aimez plus!

CHRISTIAN, *à qui Cyrano souffle ses mots.*

M'accuser, – justes dieux!
De n'aimer plus... quand... j'aime plus!

ROXANE, *qui allait refermer sa fenêtre, s'arrêtant.*

Tiens, mais c'est [mieux!

CHRISTIAN, *même jeu.*

L'amour grandit bercé dans mon âme inquiète.
Que ce... cruel marmot[2] prit pour... barcelonnette[3]!

Notes

1. **De grâce** : par pitié.
2. **marmot** : enfant; il s'agit de Cupidon, dieu de l'Amour dans la mythologie romaine.
3. **barcelonnette** : sorte de berceau.

ROXANE, *s'avançant sur le balcon.*

C'est mieux ! Mais, puisqu'il est cruel, vous fûtes sot
De ne pas, cet amour, l'étouffer au berceau !

CHRISTIAN, *même jeu.*

Aussi l'ai-je tenté, mais… tentative nulle :
Ce… nouveau-né, Madame, est un petit… Hercule[1].

ROXANE

C'est mieux !

CHRISTIAN, *même jeu.*

De sorte qu'il… strangula comme rien[2]…
Les deux serpents… Orgueil et… Doute.

ROXANE, *s'accoudant au balcon.*

Ah ! c'est très bien.
Mais pourquoi parlez-vous de façon peu hâtive[3] ?
Auriez-vous donc la goutte[4] à l'imaginative[5] ?

CYRANO, *tirant Christian sous le balcon et se glissant à sa place.*

Chut ! Cela devient trop difficile !

ROXANE

Aujourd'hui…
Vos mots sont hésitants. Pourquoi ?

CYRANO, *parlant à mi-voix, comme Christian.*

C'est qu'il fait nuit,
Dans cette ombre, à tâtons, ils cherchent votre oreille.

ROXANE

Les miens n'éprouvent pas difficulté pareille.

Notes

1. Hercule bébé a étouffé, dans son berceau, les deux serpents envoyés par la déesse Héra pour le tuer.
2. **strangula comme rien** : étrangla sans difficulté.
3. **peu hâtive** : lente.
4. **goutte** : inflammation du pied qui empêche de marcher.
5. **l'imaginative** : l'imagination.

CYRANO

Ils trouvent tout de suite? Oh! cela va de soi,
Puisque c'est dans mon cœur, eux, que je les reçoi[1];
Or, moi, j'ai le cœur grand, vous, l'oreille petite.
D'ailleurs vos mots à vous descendent : ils vont vite,
Les miens montent, Madame : il leur faut plus de temps!

ROXANE

Mais ils montent bien mieux depuis quelques instants.

CYRANO

De cette gymnastique, ils ont pris l'habitude!

ROXANE

Je vous parle, en effet, d'une vraie altitude!

CYRANO

Certe[2], et vous me tueriez si de cette hauteur
Vous me laissiez tomber un mot dur sur le cœur!

ROXANE, *avec un mouvement.*

Je descends!

CYRANO, *vivement.*

Non!

ROXANE, *lui montrant le banc qui est sous le balcon.*

Grimpez sur le banc, alors, vite!

CYRANO, *reculant avec effroi dans la nuit.*

Non!

ROXANE

Comment… non?

Notes

1. reçoi : reçois (orthographe autorisée pour que le mot rime avec «*soi*»).

2. Certe : certes, certainement (orthographe autorisée pour l'équilibre du vers).

CYRANO, *que l'émotion gagne de plus en plus.*

Laissez un peu que l'on profite…
De cette occasion qui s'offre… de pouvoir
Se parler doucement sans se voir.

ROXANE

Sans se voir ?

CYRANO

Mais oui, c'est adorable. On se devine à peine.
Vous voyez la noirceur d'un long manteau qui traîne,
J'aperçois la blancheur d'une robe d'été :
Moi je ne suis qu'une ombre, et vous qu'une clarté !
Vous ignorez pour moi ce que sont ces minutes !
Si quelquefois je fus éloquent…

ROXANE

Vous le fûtes !

CYRANO

Mon langage jamais jusqu'ici n'est sorti
De mon vrai cœur…

ROXANE

Pourquoi ?

CYRANO

Parce que… jusqu'ici
Je parlais à travers…

ROXANE

Quoi ?

CYRANO

… le vertige où tremble
Quiconque est sous vos yeux !… Mais ce soir, il me semble…
Que je vais vous parler pour la première fois !

ROXANE

C'est vrai que vous avez une tout autre voix.

CYRANO, *se rapprochant avec fièvre.*

Oui, tout autre, car dans la nuit qui me protège
J'ose être enfin moi-même, et j'ose…

Il s'arrête et, avec égarement[1].

Où en étais-je ?
Je ne sais… tout ceci, – pardonnez mon émoi[2], –
C'est si délicieux… c'est si nouveau pour moi !

ROXANE

Si nouveau ?

CYRANO, *bouleversé et essayant toujours de rattraper ses mots.*

Si nouveau…, mais oui… d'être sincère :
La peur d'être raillé[3], toujours, au cœur me serre…

ROXANE

Raillé de quoi ?

CYRANO

Mais de… d'un élan !… Oui, mon cœur,
Toujours, de mon esprit s'habille[4], par pudeur :
Je pars pour décrocher l'étoile, et je m'arrête
Par peur du ridicule, à cueillir la fleurette[5] !

ROXANE

La fleurette a du bon.

CYRANO

Ce soir, dédaignons-la !

ROXANE

Vous ne m'aviez jamais parlé comme cela !

Notes

1. *avec égarement* : comme perdu.
2. émoi : émotion.
3. raillé : moqué.
4. s'habille : se couvre.
5. cueillir la fleurette : allusion à l'expression *conter fleurette*, qui signifie « tenir des propos galants ».

CYRANO

Ah! si, loin des carquois[1], des torches et des flèches[2],
On se sauvait un peu vers des choses… plus fraîches!
Au lieu de boire goutte à goutte, en un mignon
Dé à coudre d'or fin, l'eau fade du Lignon[3],
Si l'on tentait de voir comment l'âme s'abreuve[4]
En buvant largement à même le grand fleuve!

ROXANE

Mais l'esprit?…

CYRANO

J'en ai fait pour vous faire rester
D'abord, mais maintenant ce serait insulter
Cette nuit, ces parfums, cette heure, la Nature,
Que de parler comme un billet doux[5] de Voiture[6]!
Laissons, d'un seul regard de ses astres, le ciel
Nous désarmer de tout notre artificiel[7] :
Je crains tant que parmi notre alchimie exquise[8]
Le vrai du sentiment ne se volatilise[9],
Que l'âme ne se vide à ces passe-temps vains[10],
Et que le fin du fin[11] ne soit la fin des fins!

ROXANE

Mais l'esprit?…

Notes

1. **carquois** : étuis où l'on range les flèches (au singulier : un carquois).
2. **flèches** : allusion aux flèches tirées par Cupidon dans la mythologie romaine.
3. **Lignon** : rivière du Massif central évoquée dans *L'Astrée*, le célèbre roman précieux d'Honoré d'Urfé, sûrement apprécié par Roxane.
4. **s'abreuve** : boit abondamment.
5. **billet doux** : petite lettre d'amour.
6. Vincent Voiture (1597-1648) est un célèbre poète précieux.
7. **notre artificiel** : nos belles manières.
8. **notre alchimie exquise** : notre délicieuse harmonie.
9. **ne se volatilise** : ne s'évapore.
10. **vains** : inutiles.
11. **le fin du fin** : ce qu'il y a de mieux, de plus fin.

CYRANO

Je le hais dans l'amour ! C'est un crime,
Lorsqu'on aime, de trop prolonger cette escrime[1] !
Le moment vient d'ailleurs inévitablement,
– Et je plains ceux pour qui ne vient pas ce moment !
Où nous sentons qu'en nous une amour[2] noble existe
Que chaque joli mot que nous disons rend triste !

ROXANE

Eh bien ! si ce moment est venu pour nous deux,
Quels mots me direz-vous ?

CYRANO

Tous ceux, tous ceux, tous ceux
Qui me viendront ; je vais vous les jeter, en touffe,
Sans les mettre en bouquets : je vous aime, j'étouffe,
Je t'aime, je suis fou, je n'en peux plus, c'est trop ;
Ton nom est dans mon cœur comme dans un grelot[3],
Et comme tout le temps, Roxane, je frissonne,
Tout le temps, le grelot s'agite, et le nom sonne !
De toi, je me souviens de tout, j'ai tout aimé :
Je sais que l'an dernier, un jour, le douze mai,
Pour sortir le matin tu changeas de coiffure !
J'ai tellement pris pour clarté ta chevelure
Que, comme lorsqu'on a trop fixé le soleil,
On voit sur toute chose ensuite un rond vermeil[4],
Sur tout, quand j'ai quitté les feux dont tu m'inondes,
Mon regard ébloui pose des taches blondes !

ROXANE, *d'une voix troublée.*

Oui, c'est bien de l'amour…

Notes

1. L'échange des propos amoureux dans le langage précieux s'apparente à des passes d'armes.
2. Le mot *amour* peut être féminin au singulier au XVIIe siècle, tandis qu'aujourd'hui il ne l'est qu'au pluriel.
3. **grelot** : petite cloche en forme de boule fermée.
4. **vermeil** : couleur irisée entre le rouge et l'or.

CYRANO

Certes, ce sentiment
Qui m'envahit, terrible et jaloux, c'est vraiment
De l'amour, il en a toute la fureur[1] triste !
De l'amour, – et pourtant il n'est pas égoïste !
Ah ! que pour ton bonheur je donnerais le mien,
Quand même tu devrais[2] n'en savoir jamais rien,
S'il se pouvait, parfois, que de loin j'entendisse
Rire un peu le bonheur né de mon sacrifice !
– Chaque regard de toi suscite une vertu
Nouvelle, une vaillance[3] en moi ! Commences-tu
À comprendre, à présent ? Voyons, te rends-tu compte ?
Sens-tu mon âme, un peu, dans cette ombre, qui monte ?
Oh ! mais vraiment, ce soir, c'est trop beau, c'est trop doux !
Je vous dis tout cela, vous m'écoutez, moi, vous !
C'est trop ! Dans mon espoir même le moins modeste,
Je n'ai jamais espéré tant ! Il ne me reste
Qu'à mourir maintenant ! C'est à cause des mots
Que je dis qu'elle tremble entre les bleus rameaux[4] !
Car vous tremblez, comme une feuille entre les feuilles !
Car tu trembles ! car j'ai senti, que tu le veuilles
Ou non, le tremblement adoré de ta main
Descendre tout le long des branches du jasmin !

Il baise éperdument[5] l'extrémité d'une branche pendante.

ROXANE

Oui, je tremble, et je pleure, et je t'aime, et suis tienne !
Et tu m'as enivrée[6] !

Notes

1. **fureur** : violence, folie.
2. **Quand même tu devrais** : même si tu devais.
3. **une vaillance** : un acte de courage.
4. **rameaux** : petites branches.
5. ***éperdument*** : très troublé.
6. **enivrée** : séduite, comme emportée par l'ivresse.

CYRANO

Alors, que la mort vienne !
Cette ivresse, c'est moi, moi, qui l'ai su causer !
Je ne demande plus qu'une chose…

CHRISTIAN, *sous le balcon.*

Un baiser !

ROXANE, *se rejetant en arrière.*

Hein ?

CYRANO

Oh !

ROXANE

Vous demandez ?

CYRANO

Oui… je…

À Christian, bas.

Tu vas trop vite.

CHRISTIAN

Puisqu'elle est si troublée, il faut que j'en profite !

CYRANO, *à Roxane.*

Oui, je… j'ai demandé, c'est vrai… mais justes cieux !
Je comprends que je fus bien trop audacieux[1].

ROXANE, *un peu déçue.*

Vous n'insistez pas plus que cela ?

CYRANO

Si ! j'insiste…
Sans insister !… Oui, oui ! votre pudeur s'attriste !
Eh bien ! mais, ce baiser… ne me l'accordez pas !

CHRISTIAN, *à Cyrano, le tirant par son manteau.*

Pourquoi ?

Note

1. **audacieux** : entreprenant, qui ose.

CYRANO

Tais-toi, Christian !

ROXANE, *se penchant.*

Que dites-vous tout bas ?

CYRANO

Mais d'être allé trop loin, moi-même je me gronde !
Je me disais : tais-toi, Christian !...

Les théorbes se mettent à jouer.

Une seconde !...
On vient !

Roxane referme la fenêtre. Cyrano écoute les théorbes, dont l'un joue un air folâtre[1] et l'autre un air lugubre.

Air triste ? Air gai ?... Quel est donc leur dessein[2] ?
Est-ce un homme ? une femme ? – Ah ! c'est un capucin !

Entre un capucin qui va de maison en maison, une lanterne à la main, regardant les portes.

Notes

1. *folâtre* : gai.

2. **dessein** : ici, signification.

« Oui, c'est bien de l'amour... »

Questions sur la scène 7 de l'acte III (v. 1360 à 1455, pp. 140 à 147)

Que s'est-il passé entre-temps ?

1 Quel mot vous permet de compléter les expressions suivantes ? Qui l'utilise ? À qui est-il adressé ?

a) *Se trouver .... à .... avec quelqu'un.*

b) *Fourrer son .... dans les affaires des autres.*

c) *Sentir à plein ....*

d) *Avancer .... au vent.*

2 Que propose Cyrano à Christian ? Ce dernier accepte-t-il aussitôt ?

3 Que suggère Roxane au comte de Guiche concernant Cyrano ? Est-ce vraiment pour que le comte de Guiche se venge de Cyrano ?

- ❏ Provoquer Cyrano en duel.
- ❏ Lui donner des coups de bâton.
- ❏ Le priver, ainsi que le régiment des Gardes, du siège d'Arras.

Avez-vous bien lu ?

4 Roxane peut-elle voir Cyrano et Christian ? Justifiez votre réponse.

5 Associez chaque personnage à la situation ou aux situations qui lui correspondent.

Cyrano •	• Manie la langue avec aisance.
	• Est amoureux(euse).
Roxane •	• Se trouve sur un balcon.
	• Se fait passer pour quelqu'un d'autre.
Christian •	• Semble plus sensible aux belles paroles qu'à l'amour lui-même.

6) Pourquoi Cyrano refuse-t-il que Roxane descende le rejoindre ? Quel prétexte invoque-t-il pour justifier son refus ?

7) Cochez la phrase qui dresse le bilan de l'action à la fin du passage. Roxane comprend que :

❑ Christian n'est pas l'auteur de la déclaration.

❑ Cyrano l'aime sincèrement.

❑ la déclaration qu'elle vient d'entendre témoigne d'un amour sincère.

Une scène-clé dans la progression de l'intrigue

8) En vous appuyant sur les répliques de Christian, dégagez les trois grandes étapes du passage.

9) Qu'expriment, dans l'extrait, la dernière réplique de Roxane et la didascalie* qui l'accompagne ? En quoi marquent-elles un moment important dans l'intrigue ?

*** *didascalie* : indication concernant la mise en scène (ton, mouvement...).**

10) Quelles questions quant à la suite de l'intrigue le spectateur peut-il se poser à l'issue de ce passage ?

Les personnages

La classification des phrases

- **Selon l'intonation :** phrase déclarative, interrogative, injonctive ou exclamative.
- **Selon la syntaxe :**

– phrase non verbale, simple (un seul verbe à un mode personnel) ou complexe (plusieurs verbes à un mode personnel) ;
– phrase minimale (aucun mot ne peut être supprimé) ou enrichie.

11 Quelles remarques pouvez-vous faire à propos des types de phrases dans les quatre premières répliques de Christian ? Que pouvez-vous en déduire à propos de ce personnage ? Cette impression se confirme-t-elle par la suite ? Justifiez votre réponse.

12 Pourquoi Roxane chasse-t-elle Christian au vers 1362 ? Quel compliment lui adresse-t-elle, par la suite, à plusieurs reprises ? Pourquoi ? Qu'en concluez-vous quant à ce personnage féminin ?

13 Pourquoi Roxane s'étonne-t-elle aux vers 1409 *(« Si nouveau ? »)* et 1411 *(« Raillé de quoi ? »)* ? Les réponses de Cyrano à ces deux questions vous semblent-elles convaincantes ? Que veut montrer, ici, Edmond Rostand à propos de son héros ?

14 Cyrano est-il attaché comme Roxane aux beaux discours de la galanterie ? Justifiez votre réponse.

La déclaration d'amour (v. 1440 à 1455)

Déterminants et pronoms

• Les **déterminants** accompagnent un nom : articles (*le, un…*) ; déterminants possessifs *(mon, ma…)*, démonstratifs *(ce, cet…)*, indéfinis *(certains, chaque…)*, numéraux *(un, deux…)*, interrogatifs ou exclamatifs *(quel…)*.
• Les **pronoms** sont des remplaçants : pronoms personnels (*je…*), possessifs *(le mien…)*, démonstratifs *(celui…)*, indéfinis *(chacun…)*, relatifs *(qui…)*, interrogatifs *(qui…)*.

15 En précisant leur classe grammaticale et leur personne respectives, relevez les différents pronoms et déterminants qui se rapportent à Roxane. Qu'observez-vous ?

16 Relevez une comparaison introduite par *« comme »* et expliquez-la.

17 Donnez la classe grammaticale de chacun des termes appartenant au champ lexical* de la lumière. Que suggère ce champ ?

* ***champ lexical*** **: ensemble des mots se rapportant à une notion.**

18 Identifiez les propositions (voir p. 107) dans le vers 1443 ? Quel est l'effet produit ?

19 Comment Cyrano prouve-t-il la sincérité de son amour ?

LIRE L'IMAGE

20 Comment la mise en scène de la page 122 exprime-t-elle la passion qui bouleverse les trois personnages ?

À VOS PLUMES !

21 Imaginez que Roxane rentre chez elle juste après la dernière réplique de notre passage et qu'elle raconte la scène à la Duègne. Rédigez un texte d'une vingtaine de lignes dans lequel vous associerez récit et expression des sentiments.

22 Après avoir étudié cet extrait de la pièce de Rostand, deux adolescent(e)s débattent de l'importance que l'on accorde aux apparences (physique, vêtements, façon de s'exprimer…). Écrivez leur discussion sans oublier les didascalies.

SCÈNE 8

CYRANO, CHRISTIAN, UN CAPUCIN

CYRANO, *au capucin.*

Quel est ce jeu renouvelé de Diogène[1] ?

LE CAPUCIN

Je cherche la maison de madame…

CHRISTIAN

Il nous gêne !

LE CAPUCIN

Magdeleine Robin…

CHRISTIAN

Que veut-il ?

CYRANO, *lui montrant une rue montante.*

Par ici !

Tout droit, toujours tout droit…

LE CAPUCIN

Je vais pour vous – merci ! –

Dire mon chapelet jusqu'au grain majuscule[2].

Il sort.

CYRANO

Bonne chance ! mes vœux suivent votre cuculle[3] !

Il redescend vers Christian.

Notes

1. Diogène le Cynique (IVe s. av. J.-C.), philosophe grec provocateur ; on raconte qu'il s'est promené, une lanterne à la main, cherchant simplement un véritable être humain.

2. Le chapelet est une sorte de chaîne où chaque grain correspond à une prière. La fin du chapelet est marquée par un grain plus gros que les autres.

3. **cuculle** : cape de moine.

SCÈNE 9

CYRANO, CHRISTIAN

CHRISTIAN

Obtiens-moi ce baiser !

CYRANO

Non !

CHRISTIAN

Tôt ou tard…

CYRANO

C'est vrai !
Il viendra, ce moment de vertige enivré
Où vos bouches iront l'une vers l'autre, à cause
De ta moustache blonde et de sa lèvre rose !

À lui-même.

J'aime mieux que ce soit à cause de…

Bruit de volets qui se rouvrent. Christian se cache sous le balcon.

SCÈNE 10

CYRANO, CHRISTIAN, ROXANE

ROXANE, *s'avançant sur le balcon.*

C'est vous ?
Nous parlions de… de… d'un…

CYRANO

Baiser. Le mot est doux !
Je ne vois pas pourquoi votre lèvre ne l'ose ;
S'il la brûle déjà, que sera-ce la chose ?
Ne vous en faites pas un épouvantement[1] :
N'avez-vous pas tantôt[2], presque insensiblement,

Notes

1. **épouvantement** : terreur.

2. **tantôt** : tout récemment.

Quitté le badinage[1] et glissé sans alarmes
De sourire au soupir, et du soupir aux larmes !
Glissez encore un peu d'insensible façon :
Des larmes au baiser il n'y a qu'un frisson !

ROXANE

Taisez-vous !

CYRANO

Un baiser, mais à tout prendre, qu'est-ce ?
Un serment fait d'un peu plus près, une promesse
Plus précise, un aveu qui veut se confirmer,
Un point rose qu'on met sur l'i du verbe aimer ;
C'est un secret qui prend la bouche pour oreille,
Un instant d'infini qui fait un bruit d'abeille,
Une communion ayant un goût de fleur,
Une façon d'un peu se respirer le cœur,
Et d'un peu se goûter, au bord des lèvres, l'âme !

ROXANE

Taisez-vous !

CYRANO

Un baiser, c'est si noble, Madame,
Que la reine de France, au plus heureux des lords,
En a laissé prendre un, la reine même[2] !

ROXANE

Alors !

CYRANO, *s'exaltant.*

J'eus comme Buckingham des souffrances muettes,
J'adore comme lui la reine que vous êtes,
Comme lui je suis triste et fidèle...

Notes

1. **badinage** : dialogue amoureux léger.
2. Allusion à l'intrigue des *Trois Mousquetaires* (1844) d'Alexandre Dumas, un roman dans lequel la reine Anne d'Autriche, épouse de Louis XIII, est amoureuse du duc de Buckingham.

La scène du balcon
dans le film de
Michael Gordon (1950).

ROXANE

Et tu es

Beau comme lui!

CYRANO, *à part, dégrisé*[1].

C'est vrai, je suis beau, j'oubliais!

ROXANE

Eh bien! montez cueillir cette fleur sans pareille…

CYRANO, *poussant Christian vers le balcon.*

Monte!

ROXANE

Ce goût de cœur…

CYRANO

Monte!

ROXANE

Ce bruit d'abeille…

CYRANO

Monte!

CHRISTIAN, *hésitant.*

Mais il me semble, à présent, que c'est mal!

ROXANE

Cet instant d'infini!…

CYRANO, *le poussant.*

Monte donc, animal!

Christian s'élance et, par le banc, le feuillage, les piliers, atteint les balustres[2] qu'il enjambe.

CHRISTIAN

Ah! Roxane!

Il l'enlace et se penche sur ses lèvres.

Notes

1. ***dégrisé*** : retrouvant sa raison après un moment d'ivresse.

2. ***balustres*** : colonnes du balcon.

CYRANO

Aïe ! au cœur, quel pincement bizarre !
– Baiser, festin d'amour dont je suis le Lazare[1] !
Il me vient de cette ombre une miette de toi, –
Mais oui, je sens un peu mon cœur qui te reçoit,
Puisque sur cette lèvre où Roxane se leurre[2]
Elle baise les mots que j'ai dits tout à l'heure !

On entend les théorbes.

Un air triste, un air gai : le capucin !

Il feint de courir comme s'il arrivait de loin et, d'une voix claire.

Holà !

ROXANE

Qu'est-ce ?

CYRANO

Moi. Je passais… Christian est encor là ?

CHRISTIAN, *très étonné.*

Tiens, Cyrano !

ROXANE

Bonjour, cousin !

CYRANO

Bonjour, cousine !

ROXANE

Je descends !

Elle disparaît dans la maison. Au fond rentre le capucin.

CHRISTIAN, *l'apercevant.*

Oh ! encor !

Il suit Roxane.

Notes

1. **Lazare** : le perdant, le laissé-pour-compte (allusion au chapitre XVI de l'évangile de Luc).

2. **se leurre** : se trompe.

SCÈNE 11

CYRANO, CHRISTIAN, ROXANE, LE CAPUCIN, RAGUENEAU

LE CAPUCIN

C'est ici, – je m'obstine –
Magdeleine Robin !

CYRANO

Vous aviez dit : *Ro-lin.*

LE CAPUCIN

Non : *Bin.* B, i, n, *bin* !

ROXANE, *paraissant sur le seuil de la maison, suivie de Ragueneau, qui porte une lanterne, et de Christian.*

Qu'est-ce ?

LE CAPUCIN

Une lettre.

CHRISTIAN

Hein ?

LE CAPUCIN, *à Roxane.*

Oh ! il ne peut s'agir que d'une sainte chose !
C'est un digne[1] seigneur qui...

ROXANE, *à Christian.*

C'est De Guiche !

CHRISTIAN

Il ose ?

ROXANE

Oh ! mais il ne va pas m'importuner[2] toujours !

Décachetant[3] la lettre.

Je t'aime, et si...

Notes

1. **digne** : digne de respect.
2. **m'importuner** : me gêner.
3. ***Décachetant*** : ouvrant en ôtant le cachet de cire qui la ferme.

À la lueur de la lanterne de Ragueneau, elle lit, à l'écart, à voix basse.

« Mademoiselle,
Les tambours
Battent : mon régiment boucle sa soubreveste[1] ;
Il part ; moi, l'on me croit déjà parti : je reste.
Je vous désobéis. Je suis dans ce couvent.
Je vais venir, et vous le mande[2] auparavant
Par un religieux simple[3] comme une chèvre
Qui ne peut rien comprendre à ceci. Votre lèvre
M'a trop souri tantôt : j'ai voulu la revoir.
Éloignez un chacun[4], et daignez recevoir
L'audacieux déjà pardonné, je l'espère,
Qui signe votre très… et cætera… *»*

Au capucin.

Mon Père[5],
Voici ce que me dit cette lettre. Écoutez.

Tous se rapprochent, elle lit à haute voix.

« Mademoiselle,
Il faut souscrire aux volontés[6]
Du Cardinal, si dur que cela vous puisse être.
C'est la raison pourquoi[7] j'ai fait choix, pour remettre
Ces lignes en vos mains charmantes, d'un très saint,
D'un très intelligent et discret capucin :
Nous voulons qu'il vous donne, et dans votre demeure,
La bénédiction

Elle tourne la page.

Notes

1. ***soubreveste*** : veste portée par les mousquetaires.
2. ***vous le mande*** : vous le fais savoir.
3. ***simple*** : sans intelligence.
4. ***un chacun*** : tout le monde.
5. **Mon Père :** c'est ainsi que l'on s'adresse à un prêtre.
6. ***souscrire aux volontés*** : se soumettre aux décisions.
7. ***pourquoi*** : pour laquelle.

nuptiale[1]*, sur l'heure*[2].
Christian doit en secret devenir votre époux ;
Je vous l'envoie. Il vous déplaît. Résignez-vous.
Songez bien que le Ciel bénira votre zèle[3],
Et tenez pour[4] *tout assuré, mademoiselle,*
Le respect de celui qui fut et qui sera
Toujours votre très humble et très… et cætera. »

LE CAPUCIN, *rayonnant.*

Digne seigneur !… Je l'avais dit. J'étais sans crainte !
Il ne pouvait s'agir que d'une chose sainte !

ROXANE, *bas à Christian.*

N'est-ce pas que je lis très bien les lettres ?

CHRISTIAN

Hum !

ROXANE, *haut, avec désespoir.*

Ah ! c'est affreux !

LE CAPUCIN, *qui a dirigé sur Cyrano la clarté de sa lanterne.*

C'est vous ?

CHRISTIAN

C'est moi !

LE CAPUCIN, *tournant la lumière vers lui et, comme si un doute lui venait, en voyant sa beauté.*

Mais…

ROXANE, *vivement.*

Post-scriptum[5] :
« *Donnez pour le couvent cent vingt pistoles*[6]. »

Notes

1. ***bénédiction nuptiale*** : mariage religieux.
2. ***sur l'heure*** : tout de suite.
3. ***zèle*** : obéissance.
4. ***tenez pour*** : considérez.
5. ***Post-scriptum*** : ajout à une lettre ; aujourd'hui, on abrège en *P.-S.*
6. ***cent vingt pistoles*** : c'est une très grosse somme d'argent.

LE CAPUCIN

Digne,

Digne seigneur !

À Roxane.

Résignez-vous !

ROXANE, *en martyre.*

Je me résigne !

Pendant que Ragueneau ouvre la porte au capucin que Christian invite à entrer, elle dit bas à Cyrano :

Vous, retenez ici De Guiche ! Il va venir !
Qu'il n'entre pas tant que…

CYRANO

Compris !

Au capucin.

Pour les bénir

Il vous faut ?

LE CAPUCIN

Un quart d'heure.

CYRANO, *les poussant tous vers la maison.*

Allez ! moi, je demeure !

ROXANE, *à Christian.*

Viens !

Ils entrent.

SCÈNE 12

CYRANO, *seul.*

CYRANO

Comment faire perdre à De Guiche un quart d'heure ?

Il se précipite sur le banc, grimpe au mur, vers le balcon.

Là !… grimpons !… J'ai mon plan !

Les théorbes se mettent à jouer une phrase lugubre.

Ho! c'est un homme!

Le trémolo[1] devient sinistre.

Ho!
[ho!

Cette fois, c'en est un!

Il est sur le balcon, il rabaisse son feutre sur ses yeux, ôte son épée, se drape dans sa cape, puis se penche et regarde au-dehors.

Non, ce n'est pas trop haut!

Il enjambe les balustres et, attirant à lui la longue branche d'un des arbres qui débordent le mur du jardin, il s'y accroche des deux mains, prêt à se laisser tomber.

Je vais légèrement troubler cette atmosphère!

SCÈNE 13

CYRANO, DE GUICHE

DE GUICHE, *qui entre, masqué, tâtonnant dans la nuit.*

Qu'est-ce que ce maudit capucin peut bien faire?

CYRANO

Diable! et ma voix?... S'il la reconnaissait?

Lâchant d'une main, il a l'air de tourner une invisible clef.

Cric! crac!

Solennellement.

Cyrano, reprenez l'accent de Bergerac!

DE GUICHE, *regardant la maison.*

Oui, c'est là. J'y vois mal. Ce masque m'importune.

Il va pour entrer. Cyrano saute du balcon en se tenant à la branche, qui plie et le dépose entre la porte et De Guiche; il feint[2] de tomber

Notes

1. ***trémolo*** : musique vibrante.

2. ***il feint*** : il fait semblant.

lourdement, comme si c'était de très haut, et s'aplatit par terre, où il reste immobile, comme étourdi. De Guiche fait un bond en arrière.

Hein ? Quoi ?

Quand il lève les yeux, la branche s'est redressée : il ne voit que le ciel ; il ne comprend pas.

D'où tombe donc cet homme ?

CYRANO, *se mettant sur son séant*[1] *et avec l'accent de Gascogne.*

De la lune !

DE GUICHE

De la ?...

CYRANO

Quelle heure est-il ?

DE GUICHE

N'a-t-il plus sa raison ?

CYRANO

Quelle heure ? Quel pays ? Quel jour ? Quelle saison ?

DE GUICHE

Mais...

CYRANO

Je suis étourdi !

DE GUICHE

Monsieur...

CYRANO

Comme une bombe

Je tombe de la lune !

DE GUICHE, *impatienté.*

Ah çà ! Monsieur !

CYRANO, *se relevant, d'une voix terrible.*

J'en tombe !

Note

1. ***se mettant sur son séant*** : s'asseyant.

DE GUICHE, *reculant.*

Soit ! soit ! vous en tombez !... C'est peut-être un dément[1] !

CYRANO, *marchant sur lui.*

Et je n'en tombe pas métaphoriquement[2] !...

DE GUICHE

Mais...

CYRANO

Il y a cent ans, ou bien une minute,
– J'ignore tout à fait ce que dura ma chute ! –
J'étais dans cette boule à couleur de safran[3] ! –

DE GUICHE, *haussant les épaules.*

Oui... laissez-moi passer !

[Cyrano parvint à intéresser De Guiche à son aventure et à susciter sa curiosité en évoquant les méthodes possibles pour aller sur la Lune.]

CYRANO, *qui en parlant l'a amené jusqu'à l'autre côté de la place, près d'un banc.*

Enfin, me plaçant sur un plateau de fer,
Prendre un morceau d'aimant et le lancer en l'air !
Ça, c'est un bon moyen : le fer se précipite,
Aussitôt que l'aimant s'envole, à sa poursuite ;
On relance l'aimant bien vite, et cadédis[4] !
On peut monter ainsi indéfiniment.

DE GUICHE

Six !
– Mais voilà six moyens excellents !... Quel système
Choisîtes-vous des six, Monsieur ?

Notes

1. **un dément** : un fou.
2. **métaphoriquement** : au sens figuré.
3. **safran** : épice de couleur jaune.
4. *Cadédis* est un juron gascon.

CYRANO

Un septième[1] !

DE GUICHE

Par exemple ! Et lequel ?

CYRANO

Je vous le donne en cent[2] !

DE GUICHE

C'est que ce mâtin-là[3] devient intéressant !

CYRANO, *faisant le bruit des vagues avec de grands gestes mystérieux.*

Houüh ! houüh !

DE GUICHE

Eh bien !

CYRANO

Vous devinez ?

DE GUICHE

Non !

CYRANO

La marée !
À l'heure où l'onde[4] par la lune est attirée,
Je me mis sur le sable – après un bain de mer –
Et la tête partant la première, mon cher,
– Car les cheveux, surtout, gardent l'eau dans leur frange ! –
Je m'enlevai dans l'air, droit, tout droit, comme un ange.
Je montais, je montais, doucement, sans efforts,
Quand je sentis un choc !… Alors…

Notes

1. Il s'agit d'un ajout d'Edmond Rostand par rapport aux procédés proposés dans les *États et Empires de la Lune* publiés en 1657 par le vrai Cyrano de Bergerac.

2. Je vous le donne en cent : devinez.

3. ce mâtin-là : ce coquin-là.

4. l'onde : la mer.

DE GUICHE, *entraîné par la curiosité et s'asseyant sur le banc.*

Alors ?

CYRANO

Alors…

Reprenant sa voix naturelle.

Le quart d'heure est passé, Monsieur, je vous délivre :
Le mariage est fait.

DE GUICHE, *se relevant d'un bond.*

Çà, voyons, je suis ivre !…
Cette voix ?

La porte de la maison s'ouvre, des laquais paraissent portant des candélabres[1] allumés. Lumière. Cyrano ôte son chapeau au bord abaissé.

Et ce nez !… Cyrano ?

CYRANO, *saluant.*

Cyrano.
– Ils viennent à l'instant d'échanger leur anneau.

DE GUICHE

Qui cela ?

Il se retourne. – Tableau. Derrière les laquais, Roxane et Christian se tiennent par la main. Le capucin les suit en souriant. Ragueneau élève aussi un flambeau. La duègne ferme la marche, ahurie[2], en petit saut-de-lit[3].

Ciel !

Notes

1. ***candélabres*** : chandeliers.
2. ***ahurie*** : n'ayant rien compris.
3. ***saut-de-lit*** : peignoir.

SCÈNE 14

LES MÊMES, ROXANE, CHRISTIAN, LE CAPUCIN,
RAGUENEAU, LAQUAIS, LA DUÈGNE

DE GUICHE, *à Roxane.*

Vous!

Reconnaissant Christian avec stupeur.

Lui?

Saluant Roxane avec admiration.

Vous êtes des plus fines[1]!

À Cyrano.

Mes compliments, Monsieur l'inventeur des machines[2] :
Votre récit eût fait s'arrêter au portail
Du paradis un saint! Notez-en le détail,
Car vraiment cela peut resservir dans un livre[3]!

CYRANO, *s'inclinant.*

Monsieur, c'est un conseil que je m'engage à suivre.

LE CAPUCIN, *montrant les amants à De Guiche et hochant avec satisfaction sa grande barbe blanche.*

Un beau couple, mon fils, réuni là par vous!

DE GUICHE, *le regardant d'un œil glacé.*

Oui.

À Roxane.

Veuillez dire adieu, Madame, à votre époux.

ROXANE

Comment?

Notes

1. **Vous êtes des plus fines** : vous faites partie des plus rusées.
2. **machines** : techniques, procédés.
3. Le passage sur la Lune fait allusion au récit de Cyrano de Bergerac *Histoire comique des États et Empires de la Lune* (1657).

DE GUICHE, *à Christian.*

Le régiment déjà se met en route.
Joignez-le !

ROXANE

Pour aller à la guerre ?

DE GUICHE

Sans doute.

ROXANE

Mais, Monsieur, les cadets n'y vont pas !

DE GUICHE

Ils iront.

Tirant le papier qu'il avait mis dans sa poche.

Voici l'ordre.

À Christian.

Courez le porter, vous, baron.

ROXANE, *se jetant dans les bras de Christian.*

Christian !

DE GUICHE, *ricanant, à Cyrano.*

La nuit de noce est encore lointaine !

CYRANO, *à part.*

Dire qu'il croit me faire énormément de peine !

CHRISTIAN, *à Roxane.*

Oh ! tes lèvres encore !

CYRANO

Allons, voyons, assez !

CHRISTIAN, *continuant à embrasser Roxane.*

C'est dur de la quitter... Tu ne sais pas...

CYRANO, *cherchant à l'entraîner.*

Je sais.

On entend au loin des tambours qui battent une marche.

DE GUICHE, *qui est remonté au fond.*

Le régiment qui part!

ROXANE, *à Cyrano, en retenant Christian qu'il essaye toujours d'entraîner.*

Oh!... je vous le confie!
Promettez-moi que rien ne va mettre sa vie
En danger!

CYRANO

J'essaierai... mais ne peux cependant
Promettre...

ROXANE, *même jeu.*

Promettez qu'il sera très prudent!

CYRANO

Oui, je tâcherai, mais...

ROXANE, *même jeu.*

Qu'à ce siège terrible
Il n'aura jamais froid!

CYRANO

Je ferai mon possible.
Mais...

ROXANE, *même jeu.*

Qu'il sera fidèle!

CYRANO

Eh oui! sans doute, mais...

ROXANE, *même jeu.*

Qu'il m'écrira souvent!

CYRANO, *s'arrêtant.*

Ça, je vous le promets!

RIDEAU

Acte IV

Les cadets de Gascogne

Le poste qu'occupe la compagnie de Carbon de Castel-Jaloux au siège d'Arras.

Au fond, talus[1] *traversant toute la scène. Au-delà s'aperçoit un horizon de plaine : le pays couvert de travaux de siège. Les murs d'Arras et la silhouette de ses toits sur le ciel, très loin.*

Tentes ; armes éparses[2] *; tambours, etc. – Le jour va se lever. Jaune Orient*[3]*. – Sentinelles espacées. Feux.*

Roulés dans leurs manteaux, les Cadets de Gascogne dorment. Carbon de Castel-Jaloux et Le Bret veillent. Ils sont très pâles et très maigris[4]*.*

Christian dort, parmi les autres, dans sa cape, au premier plan, le visage éclairé par un feu. Silence.

Notes

1. ***talus*** : terrain en pente.
2. ***éparses*** : dispersées.
3. Le ciel jaune est à l'est car le jour va se lever.
4. ***maigris*** : amaigris.

SCÈNE PREMIÈRE

CHRISTIAN, CARBON DE CASTEL-JALOUX, LE BRET, LES CADETS, *puis* CYRANO

LE BRET

C'est affreux !

CARBON

Oui, plus rien.

LE BRET

Mordious[1] !

CARBON, *lui faisant signe de parler plus bas.*

Jure en sourdine[2] !
Tu vas les réveiller.

Aux cadets.

Chut ! Dormez !

À Le Bret.

Qui dort dîne[3] !

LE BRET

Quand on a l'insomnie[4] on trouve que c'est peu !
Quelle famine !

On entend au loin quelques coups de feu.

CARBON

Ah ! maugrébis[5], des coups de feu !...
Ils vont me réveiller mes enfants[6] !

Aux cadets qui lèvent la tête.

Dormez !

On se recouche. Nouveaux coups de feu plus rapprochés.

Notes

1. *Mordious* est un juron gascon.
2. **en sourdine** : tout bas.
3. **Qui dort dîne** : proverbe connu signifiant qu'en s'endormant, on oublie qu'on a faim.
4. **insomnie** : incapacité de dormir.
5. **Maugrébis** : assemblage des jurons *maugrébleu* (« je maugrée contre Dieu ») et *cadédis* (« tête de Dieu »).
6. **mes enfants** : il s'agit des cadets.

UN CADET, *s'agitant.*

Diantre !

Encore ?

CARBON

Ce n'est rien ! C'est Cyrano qui rentre !

Les têtes qui s'étaient relevées se recouchent.

UNE SENTINELLE, *au-dehors.*

Ventrebieu[1] ! qui va là ?

LA VOIX DE CYRANO

Bergerac !

LA SENTINELLE, *qui est sur le talus.*

Ventrebieu !…

Qui va là ?

CYRANO, *paraissant sur la crête.*

Bergerac, imbécile !

Il descend. Le Bret va au-devant de lui, inquiet.

LE BRET

Ah ! grand Dieu !

CYRANO, *lui faisant signe de ne réveiller personne.*

Chut !

LE BRET

Blessé ?

CYRANO

Tu sais bien qu'ils ont pris l'habitude
De me manquer tous les matins !

LE BRET

C'est un peu rude[2],
Pour porter une lettre, à chaque jour levant,
De risquer…

Notes

1. **Ventrebieu** : ventre de Dieu (juron). 2. **rude** : exagéré.

CYRANO, *s'arrêtant devant Christian.*
J'ai promis qu'il écrirait souvent !

Il le regarde.

Il dort. Il est pâli[1]. Si la pauvre petite
Savait qu'il meurt de faim... Mais toujours beau !

LE BRET

Va vite
Dormir !

CYRANO

Ne grogne pas Le Bret !... Sache ceci :
Pour traverser les rangs espagnols, j'ai choisi
Un endroit où je sais, chaque nuit, qu'ils sont ivres.

LE BRET

Tu devrais bien un jour nous rapporter des vivres.

CYRANO

Il faut être léger pour passer ! – Mais je sais
Qu'il y aura ce soir du nouveau. Les Français
Mangeront ou mourront, – si j'ai bien vu...

LE BRET

Raconte !

CYRANO

Non. Je ne suis pas sûr... vous verrez...

CARBON

Quelle honte,
Lorsqu'on est assiégeant[2], d'être affamé !

Notes

1. **pâli** : pâle.

2. **assiégeant** : celui qui fait le siège, qui retient les assiégés dans la ville ennemie.

LE BRET

Hélas!

Rien de plus compliqué que ce siège d'Arras[1] :
Nous assiégeons Arras, – nous-mêmes, pris au piège,
Le cardinal infant d'Espagne[2] nous assiège…

CYRANO

Quelqu'un devrait venir l'assiéger à son tour.

LE BRET

Je ne ris pas.

CYRANO

Oh! oh!

LE BRET

Penser que chaque jour
Vous risquez une vie, ingrat, comme la vôtre,
Pour porter…

Le voyant qui se dirige vers une tente.

Où vas-tu?

CYRANO

J'en vais[3] écrire une autre.

Il soulève la toile et disparaît.

[…]

Notes

1. Le siège d'Arras dura tout l'été 1640; les Français qui assiégeaient la ville tenue par les Espagnols se retrouvèrent eux-mêmes assiégés par l'armée espagnole qui leur coupait le ravitaillement.

2. Il s'agit de Ferdinand de Habsbourg, frère du roi d'Espagne et gouverneur des Pays-Bas.

3. **J'en vais** : je m'en vais.

SCÈNE 3

LES MÊMES, CYRANO

CYRANO, *sortant de sa tente, tranquille, une plume à l'oreille, un livre à la main.*

Hein ?

Silence. Au premier cadet.

Pourquoi t'en vas-tu, toi, de ce pas qui traîne ?

LE CADET

J'ai quelque chose, dans les talons, qui me gêne !...

CYRANO

Et quoi donc ?

LE CADET

L'estomac[1] !

CYRANO

Moi de même, pardi !

LE CADET

Cela doit te gêner ?

CYRANO

Non, cela me grandit.

DEUXIÈME CADET

J'ai les dents longues[2] !

CYRANO

Tu n'en mordras que plus large.

UN TROISIÈME

Mon ventre sonne creux !

Notes

1. Allusion à l'expression *avoir l'estomac dans les talons*, qui signifie « avoir très faim ».

2. J'ai les dents longues : j'ai très faim ; l'expression signifie, aujourd'hui, que l'on est très ambitieux.

CYRANO

Nous y battrons la charge[1].

UN AUTRE

Dans les oreilles, moi, j'ai des bourdonnements.

CYRANO

Non, non ; ventre affamé, pas d'oreilles[2] : tu mens !

UN AUTRE

Oh ! manger quelque chose, – à l'huile !

CYRANO, *le décoiffant et lui mettant son casque dans la main.*

Ta salade[3].

UN AUTRE

Qu'est-ce qu'on pourrait bien dévorer ?

CYRANO, *lui jetant le livre qu'il tient à la main.*

L'*Iliade*[4].

UN AUTRE

Le ministre[5], à Paris, fait ses quatre repas !

CYRANO

Il devrait t'envoyer du perdreau ?

LE MÊME

Pourquoi pas ?

Et du vin !

CYRANO

Richelieu, du bourgogne, *if you please*[6] ?

LE MÊME

Par quelque capucin !

Notes

1. **Nous y battrons la charge** : nous le frapperons comme sur un tambour pour annoncer l'attaque.
2. Allusion au proverbe *Ventre affamé n'a pas d'oreille* qui veut dire que l'on n'écoute personne quand on a faim.
3. **salade** : sorte de casque.
4. ***Iliade*** : célèbre épopée du poète grec antique Homère qui raconte le siège de la ville de Troie.
5. **Le ministre** : le cardinal de Richelieu.
6. ***if you please*** : *please* (« s'il vous plaît », en anglais).

CYRANO

L'Éminence qui grise[1] ?

UN AUTRE

J'ai des faims d'ogre !

CYRANO

Eh bien, tu croques le marmot[2] !

LE PREMIER CADET, *haussant les épaules.*

Toujours le mot, la pointe[3] !

CYRANO

Oui, la pointe, le mot !
Et je voudrais mourir, un soir, sous un ciel rose,
En faisant un bon mot, pour une belle cause !
Oh ! frappé par la seule arme noble qui soit,
Et par un ennemi qu'on sait digne de soi,
Sur un gazon de gloire et loin d'un lit de fièvres,
Tomber la pointe au cœur en même temps qu'aux lèvres !

CRIS DE TOUS

J'ai faim !
[…]

UN CADET, *qui regarde au fond.*

Ah ! Ah ! Voici monsieur de Guiche !

TOUS LES CADETS, *murmurant.*

Hou…

CYRANO, *souriant.*

Murmure

Flatteur !

Notes

1. L'éminence qui grise : jeu de mots entre le verbe *griser*, qui signifie « rendre ivre », et l'expression « éminence grise » désignant toute personne influente (en référence à un conseiller officieux de Richelieu qui avait l'habitude de porter un vêtement gris).

2. tu croques le marmot : tu attends (expression ancienne).

3. le mot, la pointe : la bonne plaisanterie, le dernier mot amusant.

UN CADET

Il nous ennuie !

UN AUTRE

Avec, sur son armure,
Son grand col de dentelle, il vient faire le fier !

UN AUTRE

Comme si l'on portait du linge sur du fer !

LE PREMIER

C'est bon lorsque à son cou l'on a quelque furoncle[1] !

LE DEUXIÈME

Encore un courtisan !

UN AUTRE

Le neveu de son oncle[2] !

CARBON

C'est un Gascon pourtant !

LE PREMIER

Un faux !… Méfiez-vous !
Parce que, les Gascons… ils doivent être fous :
Rien de plus dangereux qu'un Gascon raisonnable.

LE BRET

Il est pâle !

UN AUTRE

Il a faim… autant qu'un pauvre diable !
Mais comme sa cuirasse a des clous de vermeil[3],
Sa crampe d'estomac étincelle au soleil !

CYRANO, *vivement.*

N'ayons pas l'air non plus de souffrir ! Vous, vos cartes,
Vos pipes et vos dés…

Notes

1. **furoncle** : gros bouton infecté.
2. De Guiche est le neveu de Richelieu.
3. **vermeil** : ici, argent recouvert d'or.

Tous rapidement se mettent à jouer sur des tambours, sur des escabeaux et, par terre, sur leurs manteaux, et ils allument de longues pipes de pétun[1].

Et moi, je lis Descartes[2].

Il se promène de long en large et lit dans un petit livre qu'il a tiré de sa poche. – Tableau. – De Guiche entre. Tout le monde a l'air absorbé et content. Il est très pâle. Il va vers Carbon.

SCÈNE 4

LES MÊMES, DE GUICHE

[…]

DE GUICHE

Mon faux espion
M'est venu prévenir[3] de leur agression[4].
Il[5] ajouta : « J'en peux déterminer la place ;
Sur quel point voulez-vous que l'attaque se fasse ?
Je dirai que de tous c'est le moins défendu,
Et l'effort portera sur lui. » J'ai répondu :
« C'est bon. Sortez du camp. Suivez des yeux la ligne :
Ce sera sur le point d'où je vous ferai signe. »

CARBON, *aux cadets.*

Messieurs, préparez-vous !

Tous se lèvent. Bruit d'épées et de ceinturons qu'on boucle.

DE GUICHE

C'est dans une heure.

Notes

1. ***pétun*** : tabac (il a fait son apparition en France au XVIe s.).
2. René Descartes (1596-1650) est un philosophe français, auteur du *Discours de la méthode* dans lequel se trouve la célèbre formule « *Cogito ergo sum* » (« Je pense, donc je suis »). Le véritable Cyrano admirait cet auteur.
3. **M'est venu prévenir** : est venu me prévenir.
4. Les Espagnols vont attaquer.
5. **Il** : le faux espion ; le comte de Guiche rapporte ses paroles.

PREMIER CADET

Ah!... bien!...

Ils se rasseyent tous. On reprend la partie interrompue.

DE GUICHE, *à Carbon.*

Il faut gagner du temps. Le maréchal[1] revient.

CARBON

Et pour gagner du temps?

DE GUICHE

Vous aurez l'obligeance[2]
De vous faire tuer.

CYRANO

Ah! voilà la vengeance?

DE GUICHE

Je ne prétendrai pas que si je vous aimais
Je vous eusse[3] choisis vous et les vôtres, mais,
Comme à votre bravoure on n'en compare aucune,
C'est mon Roi que je sers en servant ma rancune[4].

CYRANO, *saluant.*

Souffrez que je vous sois, monsieur, reconnaissant.

DE GUICHE, *saluant.*

Je sais que vous aimez vous battre un contre cent.
Vous ne vous plaindrez pas de manquer de besogne[5].

Il remonte, avec Carbon.

Notes

1. Le maréchal de La Meilleraye est l'un des trois maréchaux (grade militaire le plus élevé) qui commandaient les armées lors du siège d'Arras.
2. **l'obligeance** : l'amabilité.
3. **eusse** : aurais (passé 2e forme du conditionnel).
4. **rancune** : désir de vengeance.
5. **besogne** : travail intense.

CYRANO, *aux cadets.*

Eh bien donc ! nous allons au blason de Gascogne,
Qui porte six chevrons[1], messieurs, d'azur et d'or,
Joindre un chevron de sang qui lui manquait encor !

De Guiche cause bas avec Carbon de Castel-Jaloux, au fond. On donne des ordres. La résistance se prépare. Cyrano va vers Christian qui est resté immobile, les bras croisés.

CYRANO, *lui mettant la main sur l'épaule.*

Christian ?

CHRISTIAN, *secouant la tête.*

Roxane !

CYRANO

Hélas !

CHRISTIAN

Au moins, je voudrais mettre
Tout l'adieu de mon cœur dans une belle lettre !...

CYRANO

Je me doutais que ce serait pour aujourd'hui.

Il tire un billet de son pourpoint.

Et j'ai fait tes adieux.

CHRISTIAN

Montre !...

CYRANO

Tu veux ?...

CHRISTIAN, *lui prenant la lettre.*

Mais oui !

Il l'ouvre, lit et s'arrête.

Tiens !...

CYRANO

Quoi ?

Note

1. **chevrons** : motifs formant des *V* à l'envers ; ils sont fréquents sur les blasons.

CHRISTIAN

Ce petit rond ?...

CYRANO, *reprenant la lettre vivement et regardant d'un air naïf.*

Un rond ?...

CHRISTIAN

C'est une [larme !

CYRANO

Oui... Poète, on se prend à son jeu, c'est le charme !...
Tu comprends... ce billet[1], – c'était très émouvant :
Je me suis fait pleurer moi-même en l'écrivant.

CHRISTIAN

Pleurer ?...

CYRANO

Oui... parce que... mourir n'est pas terrible...
Mais... ne plus la revoir jamais... voilà l'horrible !
Car enfin je ne la...

Christian le regarde.

Nous ne la...

Vivement.

Tu ne la...

CHRISTIAN, *lui arrachant la lettre.*

Donne-moi ce billet !

On entend une rumeur, au loin, dans le camp.

LA VOIX D'UNE SENTINELLE

Ventrebieu, qui va là ?

Coups de feu. Bruits de voix. Grelots.

CARBON

Qu'est-ce ?

Note

1. **billet** : petite lettre.

LA SENTINELLE, *qui est sur le talus.*

Un carrosse !

On se précipite pour voir.

CRIS

Quoi ? Dans le camp ? – Il y entre !
– Il a l'air de venir de chez l'ennemi ! – Diantre !
Tirez ! – Non ! le cocher a crié ! – Crié quoi ? –
Il a crié : Service du Roi !

Tout le monde est sur le talus et regarde au-dehors. Les grelots se rapprochent.

DE GUICHE

Hein ? Du Roi !...

On redescend, on s'aligne.

CARBON

Chapeau bas[1], tous !

DE GUICHE, *à la cantonade.*

Du Roi ! – Rangez-vous, vile tourbe[2],
Pour qu'il puisse décrire avec pompe[3] sa courbe !

Le carrosse entre au grand trot. Il est couvert de boue et de poussière. Les rideaux sont tirés. Deux laquais derrière. Il s'arrête net.

CARBON, *criant.*

Battez aux champs[4] !

Roulement de tambours. Tous les cadets se découvrent[5].

DE GUICHE

Baissez le marchepied[6] !

Deux hommes se précipitent. La portière s'ouvre.

Notes

1. **Chapeau bas** : retirez vos chapeaux en signe de respect.
2. **vile tourbe** : mauvaise boue.
3. **pompe** : élégance, cérémonie.
4. **Battez aux champs** : battez en signe de respect.
5. ***se découvrent*** : retirent leur chapeau.
6. **marchepied** : marches que l'on déplie.

ROXANE, *sautant du carrosse.*

Bonjour !

Le son d'une voix de femme relève d'un seul coup tout ce monde profondément incliné. – Stupeur.

SCÈNE 5

LES MÊMES, ROXANE

DE GUICHE

Service du Roi ! Vous ?

ROXANE

Mais du seul roi, l'Amour !

CYRANO

Ah ! grand Dieu !

CHRISTIAN, *s'élançant.*

Vous ! Pourquoi ?

ROXANE

C'était trop long, ce siège !

CHRISTIAN

Pourquoi ?...

ROXANE

Je te dirai !

CYRANO, *qui, au son de sa voix, est resté cloué immobile, sans oser tourner les yeux vers elle.*

Dieu ! La regarderai-je ?

DE GUICHE

Vous ne pouvez rester ici !

ROXANE, *gaiement.*

Mais si ! mais si !

Voulez-vous m'avancer un tambour ?...

Elle s'assied sur un tambour qu'on avance.

Là, merci !

Elle rit.

On a tiré sur mon carrosse !

Fièrement.

Une patrouille !
– Il a l'air d'être fait avec une citrouille,
N'est-ce pas ? comme dans le conte[1], et les laquais
Avec des rats.

Envoyant des lèvres un baiser à Christian.

Bonjour !

Les regardant tous.

Vous n'avez pas l'air gais !
– Savez-vous que c'est loin, Arras ?

Apercevant Cyrano.

Cousin, charmée[2] !

CYRANO, *s'avançant.*

Ah çà ! comment ?...

ROXANE

Comment j'ai retrouvé l'armée ?
Oh ! mon Dieu, mon ami, mais c'est tout simple : j'ai
Marché tant que j'ai vu le pays ravagé.
Ah ! ces horreurs il a fallu que je les visse[3]
Pour y croire ! Messieurs, si c'est là le service
De votre Roi, le mien vaut mieux !

CYRANO

Voyons, c'est fou !
Par où diable avez-vous bien pu passer ?

Notes

1. Il s'agit du conte populaire *Cendrillon* ; Charles Perrault en proposera une version en 1697.

2. **charmée** : enchantée.

3. **que je les visse** : que je les voie (imparfait du subjonctif du verbe *voir*).

ROXANE

Par où?

Par chez les Espagnols.

PREMIER CADET

Ah! Qu'elles sont malignes[1]!

DE GUICHE

Comment avez-vous fait pour traverser leurs lignes?

LE BRET

Cela dut être très difficile!...

ROXANE

Pas trop.

J'ai simplement passé dans mon carrosse, au trot.
Si quelque hidalgo[2] montrait sa mine altière[3],
Je mettais mon plus beau sourire à la portière,
Et ces messieurs étant, n'en déplaise aux Français,
Les plus galantes gens[4] du monde, – je passais!

CARBON

Oui, c'est un passeport, certes, que ce sourire!
Mais on a fréquemment dû vous sommer[5] de dire
Où vous alliez ainsi, madame?

ROXANE

Fréquemment.

Alors je répondais : «Je vais voir mon amant.»
Aussitôt l'Espagnol à l'air le plus féroce
Refermait gravement la porte du carrosse,
D'un geste de la main à faire envie au Roi
Relevait les mousquets[6] déjà pointés sur moi,
Et superbe de grâce, à la fois, et de morgue[7],

Notes

1. **malignes** : rusées.
2. **hidalgo** : noble espagnol.
3. **altière** : orgueilleuse.
4. Le nom «*gens*» est, ici, au féminin.
5. **sommer** : ordonner.
6. **mousquets** : armes à feu, ancêtres des fusils.
7. **morgue** : arrogance, prétention.

L'ergot[1] tendu sous la dentelle en tuyau[2] d'orgue,
Le feutre au vent pour que la plume palpitât[3],
S'inclinait en disant : « Passez, senorita ! »

CHRISTIAN

Mais, Roxane…

ROXANE

J'ai dit : mon amant, oui… pardonne !
Tu comprends, si j'avais dit : mon mari, personne
Ne m'eût[4] laissé passer !

CHRISTIAN

Mais…

ROXANE

Qu'avez-vous ?

DE GUICHE

Il faut
Vous en aller d'ici !

ROXANE

Moi ?

CYRANO

Bien vite !

LE BRET

Au plus tôt !

CHRISTIAN

Oui !

ROXANE

Mais comment ?

Notes

1. **ergot** : ongle derrière la patte des coqs, signe d'orgueil.
2. **tuyau** : on parle de « tuyaux » pour la dentelle comme pour les orgues.
3. **palpitât** : palpite (imparfait du subjonctif).
4. **eût** : aurait (passé 2e forme du conditionnel).

Christian, *embarrassé.*

C'est que…

Cyrano, *de même.*

Dans trois quarts d'heure…

De Guiche, *de même.*

ou…

[quatre…

Carbon, *de même.*

Il vaut mieux…

Le Bret, *de même.*

Vous pourriez…

Roxane

Je reste. On va se battre.

Tous

Oh ! non !

Roxane

C'est mon mari !

Elle se jette dans les bras de Christian.

Qu'on me tue avec toi !

Christian

Mais quels yeux vous avez !

Roxane

Je te dirai pourquoi !

De Guiche, *désespéré.*

C'est un poste[1] terrible !

Roxane, *se retournant.*

Hein ! terrible ?

Note

1. **un poste :** une position (vocabulaire militaire).

CYRANO

Et la preuve
C'est qu'il[1] nous l'a donné !

ROXANE, *à De Guiche.*

Ah ! vous me vouliez veuve ?

DE GUICHE

Oh ! je vous jure !…

ROXANE

Non ! Je suis folle à présent !
Et je ne m'en vais plus ! D'ailleurs, c'est amusant.

CYRANO

Eh quoi ! la précieuse était une héroïne ?

ROXANE

Monsieur de Bergerac, je suis votre cousine.

UN CADET

Nous vous défendrons bien !

ROXANE, *enfiévrée[2] de plus en plus.*

Je le crois, mes amis !

UN AUTRE, *avec enivrement.*

Tout le camp sent l'iris[3] !

ROXANE

Et j'ai justement mis
Un chapeau qui fera très bien dans la bataille !…

Regardant De Guiche.

Mais peut-être est-il temps que le comte s'en aille :
On pourrait commencer.

Notes

1. **il** : le comte de Guiche.
2. ***enfiévrée*** : enthousiaste, passionnée.
3. **iris** : fleur souvent utilisée en parfumerie.

DE GUICHE

Ah ! c'en est trop ! Je vais
Inspecter mes canons, et reviens… Vous avez
Le temps encor : changez d'avis !

ROXANE

Jamais !

De Guiche sort.

SCÈNE 6

LES MÊMES, *moins* DE GUICHE

CHRISTIAN, *suppliant.*

Roxane !…

ROXANE

Non !

PREMIER CADET, *aux autres.*

Elle reste !

TOUS, *se précipitant, se bousculant, s'astiquant.*

Un peigne ! – Un savon ! – Ma basane[1]
Est trouée : une aiguille ! – Un ruban ! – Ton miroir !
– Mes manchettes[2] ! – Ton fer à moustache[3] ! – Un rasoir !

ROXANE, *à Cyrano qui la supplie encore.*

Non ! rien ne me fera bouger de cette place !

Notes

1. **basane** : cuir fin sur le pantalon des cavaliers.
2. **manchettes** : bas des manches.
3. **fer à moustache** : fer destiné à friser les moustaches.

CARBON, *après s'être, comme les autres, sanglé*[1], *épousseté, avoir brossé son chapeau, redressé sa plume et tiré ses manchettes, s'avance vers Roxane et, cérémonieusement.*

Peut-être siérait-il[2] que je vous présentasse[3],
Puisqu'il en est ainsi, quelques de ces messieurs
Qui vont avoir l'honneur de mourir sous vos yeux.

Roxane s'incline et elle attend, debout au bras de Christian. Carbon présente.

Baron de Peyrescous de Colignac !

LE CADET, *saluant.*

Madame...

CARBON, *continuant.*

Baron de Casterac de Cahuzac. – Vidame[4]
De Malgouvre Estressac Lesbas d'Escarabiot. –
Chevalier d'Antignac-Juzet. – Baron Hillot
De Blagnac-Saléchan de Castel-Crabioules...

ROXANE

Mais combien avez-vous de noms, chacun ?

LE BARON HILLOT

Des foules !

CARBON, *à Roxane.*

Ouvrez la main qui tient votre mouchoir.

ROXANE *ouvre la main et le mouchoir tombe.*

Pourquoi ?

Toute la compagnie fait le mouvement de s'élancer pour le ramasser.

CARBON, *le ramassant vivement.*

Ma compagnie était sans drapeau ! Mais, ma foi[5],
C'est le plus beau du camp qui flottera sur elle !

Notes

1. ***s'être* [...] *sanglé*** : avoir resserré sa tenue.
2. **siérait-il** : faudrait-il.
3. **que je vous présentasse** : que je vous présente (imparfait du subjonctif).
4. **Vidame** : titre de noblesse.
5. **ma foi** : sûrement.

ROXANE, *souriant.*

Il est un peu petit.

CARBON, *attachant le mouchoir à la hampe*[1] *de sa lance de capitaine.*

Mais il est en dentelle !

UN CADET, *aux autres.*

Je mourrais sans regrets ayant vu ce minois[2],
Si j'avais seulement dans le ventre une noix !...

CARBON, *qui l'a entendu, indigné.*

Fi[3] ! parler de manger lorsqu'une exquise femme !...

ROXANE

Mais l'air du camp est vif et, moi-même, m'affame :
Pâtés, chauds-froids[4], vins fins : mon menu, le voilà !
Voulez-vous m'apporter tout cela ?

Consternation.

UN CADET

Tout cela !

UN AUTRE

Où le prendrions-nous, grand Dieu ?

ROXANE, *tranquillement.*

Dans mon carrosse.

TOUS

Hein ?

ROXANE

Mais il faut qu'on serve et découpe, et désosse[5] !
Regardez mon cocher d'un peu plus près, messieurs,
Et vous reconnaîtrez un homme précieux :
Chaque sauce sera, si l'on veut, réchauffée !

Notes

1. ***hampe*** : manche.
2. **minois** : joli visage.
3. *Fi* est une interjection ancienne exprimant le rejet.
4. **chauds-froids** : viandes en gelée.
5. **désosse** : retire les os.

LES CADETS, *se ruant vers le carrosse.*

C'est Ragueneau !

Acclamation.

Oh ! Oh !

ROXANE, *les suivant des yeux.*

Pauvres gens !

CYRANO, *lui baisant la main.*

Bonne fée !

RAGUENEAU, *debout sur le siège comme un charlatan*[1] *en place publique.*

Messieurs !...

Enthousiasme.

LES CADETS

Bravo ! Bravo !

RAGUENEAU

Les Espagnols n'ont pas,
Quand passaient tant d'appas[2], vu passer le repas !

Applaudissements.

CYRANO, *bas à Christian.*

Hum ! hum ! Christian !

RAGUENEAU

Distraits par la galanterie
Ils n'ont pas vu...

Il tire de son siège un plat qu'il élève.

La galantine[3] !

Applaudissements. La galantine passe de mains en mains.

CYRANO, *bas à Christian.*

Je t'en prie,
Un seul mot !

Notes

1. **charlatan** : marchand ambulant ; aujourd'hui, ce mot a le sens d'« escroc ».

2. **appas** : attraits féminins.

3. **galantine** : sorte de pâté.

RAGUENEAU

Et Vénus[1] sut occuper leur œil
Pour que Diane[2], en secret, pût[3] passer…

Il brandit un gigot.

son chevreuil !

Enthousiasme. Le gigot est saisi par vingt mains tendues.

CYRANO, *bas à Christian.*

Je voudrais te parler !

ROXANE, *aux cadets qui redescendent, les bras chargés de victuailles.*

Posez cela par terre !

Elle met le couvert sur l'herbe, aidée des deux laquais imperturbables qui étaient derrière le carrosse.

ROXANE, *à Christian, au moment où Cyrano allait l'entraîner à part.*

Vous, rendez-vous utile !

Christian vient l'aider. Mouvement d'inquiétude de Cyrano.

RAGUENEAU

Un paon truffé[4] !

PREMIER CADET, *épanoui, qui descend en coupant une large tranche de jambon.*

Tonnerre !
Nous n'aurons pas couru notre dernier hasard[5]
Sans faire un gueuleton…

Se reprenant vivement en voyant Roxane.

Pardon ! un balthazar[6] !

RAGUENEAU, *lançant les coussins du carrosse.*

Les coussins sont remplis d'ortolans[7] !

Notes

1. **Vénus** : déesse romaine de la beauté.
2. **Diane** : déesse romaine de la chasse.
3. **pût** : puisse (imparfait du subjonctif du verbe *pouvoir*).
4. **truffé** : garni avec des truffes (champignons très rares et très appréciés).
5. **couru notre dernier hasard** : rencontré la mort.
6. **balthazar** : repas de fête.
7. **ortolans** : petits oiseaux très appréciés.

Tumulte. On éventre[1] *les coussins. Rires. Joie.*

TROISIÈME CADET

Ah ! viédaze[2] !

RAGUENEAU, *lançant des flacons de vin rouge.*

Des flacons de rubis[3] !...

De vin blanc.

Des flacons de topaze[4] !

ROXANE, *jetant une nappe pliée à la figure de Cyrano.*

Défaites cette nappe !... Eh ! hop ! Soyez léger !

RAGUENEAU, *brandissant une lanterne arrachée.*

Chaque lanterne est un petit garde-manger !

CYRANO, *bas à Christian, pendant qu'ils arrangent la nappe ensemble.*

Il faut que je te parle avant que tu lui parles !

RAGUENEAU, *de plus en plus lyrique*[5].

Le manche de mon fouet est un saucisson d'Arles !

ROXANE, *versant du vin, servant.*

Puisqu'on nous fait tuer, morbleu ! nous nous moquons
Du reste de l'armée ! – Oui ! tout pour les Gascons !
Et si de Guiche vient, personne ne l'invite !

Allant de l'un à l'autre.

Là, vous avez le temps. – Ne mangez pas si vite ! –
Buvez un peu. – Pourquoi pleurez-vous ?

PREMIER CADET

C'est trop bon !

ROXANE

Chut ! – Rouge ou blanc ? – Du pain pour monsieur de [Carbon !

Notes

1. **éventre** : déchire.
2. *Viédaze* est une interjection marquant la surprise.
3. **rubis** : pierre précieuse rouge.
4. **topaze** : pierre semi-précieuse jaune doré.
5. ***lyrique*** : passionné.

– Un couteau ! – Votre assiette ! – Un peu de croûte[1] ? Encore ?
– Je vous sers ! – Du bourgogne ? – Une aile ?

CYRANO, *qui la suit, les bras chargés de plats, l'aidant à servir.*

Je l'adore !

ROXANE, *allant à Christian.*

Vous ?

CHRISTIAN

Rien.

ROXANE

Si ! ce biscuit, dans du muscat… deux doigts !

CHRISTIAN, *essayant de la retenir.*

Oh ! dites-moi pourquoi vous vîntes ?

ROXANE

Je me dois
À ces malheureux… Chut ! Tout à l'heure !…

LE BRET, *qui était remonté au fond, pour passer, au bout d'une lance, un pain à la sentinelle du talus.*

De Guiche !

CYRANO

Vite, cachez flacon, plat, terrine, bourriche[2] !
Hop ! – N'ayons l'air de rien !…

À Ragueneau.

Toi, remonte d'un bond
Sur ton siège ! – Tout est caché ?…

En un clin d'œil, tout a été repoussé dans les tentes, ou caché sous les vêtements, sous les manteaux, dans les feutres. – De Guiche entre vivement – et s'arrête, tout d'un coup, reniflant. Silence.

Notes

1. **croûte** : pâté en croûte.

2. **bourriche** : panier contenant des provisions.

SCÈNE 7

LES MÊMES, DE GUICHE

DE GUICHE

Cela sent bon.

UN CADET, *chantonnant d'un air détaché.*

To lo lo!...

DE GUICHE, *s'arrêtant et le regardant.*

Qu'avez-vous, vous?... Vous êtes tout rouge!

LE CADET

Moi?... Mais rien. C'est le sang. On va se battre : il bouge!

UN AUTRE

Poum... poum... poum...

DE GUICHE, *se retournant.*

Qu'est cela?

LE CADET, *légèrement gris.*

Rien! C'est une
[chanson!

Une petite...

DE GUICHE

Vous êtes gai, mon garçon!

LE CADET

L'approche du danger!

DE GUICHE, *appelant Carbon de Castel-Jaloux, pour donner un ordre.*

Capitaine! je...

Il s'arrête en le voyant.

Peste[1]!

Vous avez bonne mine aussi!

Note

1. *Peste* est une interjection marquant la surprise.

CARBON, *cramoisi*[1] *et cachant une bouteille derrière son dos, avec un geste évasif*[2].

Oh !…

DE GUICHE

Il me reste
Un canon que j'ai fait porter…

Il montre un endroit dans la coulisse.

là, dans ce coin,
Et vos hommes pourront s'en servir au besoin[3].

UN CADET, *se dandinant.*

Charmante attention !

UN AUTRE, *lui souriant gracieusement.*

Douce sollicitude[4] !

DE GUICHE

Ah çà ! mais ils sont fous ! –

Sèchement.

N'ayant pas l'habitude
Du canon, prenez garde au recul[5].

LE PREMIER CADET

Ah ! pfftt !

DE GUICHE, *allant à lui, furieux.*

Mais !…

LE CADET

Le canon des Gascons ne recule jamais !

DE GUICHE, *le prenant par le bras et le secouant.*

Vous êtes gris !… De quoi ?

Notes

1. ***cramoisi*** : rouge.
2. ***évasif*** : vague.
3. ***au besoin*** : si on en a besoin.
4. ***sollicitude*** : marque d'attention, de gentillesse.
5. **recul** : mouvement du canon vers l'arrière au moment du tir.

LE CADET, *superbe.*

De l'odeur de la poudre !

DE GUICHE, *haussant les épaules, le repousse et va vivement à Roxane.*

Vite, à quoi daignez-vous, madame, vous résoudre[1] ?

ROXANE

Je reste !

DE GUICHE

Fuyez !

ROXANE

Non !

DE GUICHE

Puisqu'il en est ainsi,
Qu'on me donne un mousquet !

CARBON

Comment ?

DE GUICHE

Je reste aussi.

CYRANO

Enfin, Monsieur ! voilà de la bravoure pure !

PREMIER CADET

Seriez-vous un Gascon malgré votre guipure[2] ?

ROXANE

Quoi... !

DE GUICHE

Je ne quitte pas une femme en danger.

DEUXIÈME CADET, *au premier.*

Dis donc ! Je crois qu'on peut lui donner à manger !

Toutes les victuailles reparaissent comme par enchantement.

Notes

1. **à quoi daignez-vous [...] vous résoudre :** quelle est, finalement, votre décision.

2. **guipure :** dentelle.

DE GUICHE, *dont les yeux s'allument.*

Des vivres !

UN TROISIÈME CADET

Il en sort de sous toutes les vestes !

DE GUICHE, *se maîtrisant, avec hauteur.*

Est-ce que vous croyez que je mange vos restes ?

CYRANO, *saluant.*

Vous faites des progrès !

DE GUICHE, *fièrement et à qui échappe sur le dernier mot une légère pointe d'accent*[1].

Je vais me battre à jeun !

PREMIER CADET, *exultant de joie.*

À jeung ! Il vient d'avoir l'accent !

DE GUICHE, *riant.*

Moi !

LE CADET

C'en est un !

Ils se mettent tous à danser.

CARBON DE CASTEL-JALOUX, *qui a disparu depuis un moment derrière le talus, reparaissant sur la crête.*

J'ai rangé mes piquiers[2], leur troupe est résolue[3].

Il montre une ligne de piques qui dépasse la crête.

DE GUICHE, *à Roxane, en s'inclinant.*

Acceptez-vous ma main pour passer leur revue[4] ?...

Elle la prend, ils remontent vers le talus. Tout le monde se découvre et les suit.

CHRISTIAN, *allant à Cyrano, vivement.*

Parle vite !

Notes

1. Accent des Gascons.
2. **piquiers** : soldats armés d'une pique.
3. **résolue** : décidée.
4. **passer leur revue** : les passer en revue, les inspecter.

Au moment où Roxane paraît sur la crête, les lances disparaissent, abaissées pour le salut, un cri s'élève : elle s'incline.

LES PIQUIERS, *au-dehors.*

Vivat[1] !

CHRISTIAN

Quel était le secret ?

CYRANO

Dans le cas où Roxane…

CHRISTIAN

Eh bien ?

CYRANO

Te parlerait
Des lettres ?…

CHRISTIAN

Oui, je sais !…

CYRANO

Ne fais pas la sottise
De t'étonner…

CHRISTIAN

De quoi ?

CYRANO

Il faut que je te dise !…
Oh ! mon Dieu, c'est tout simple, et j'y pense aujourd'hui
En la voyant. Tu lui…

CHRISTIAN

Parle vite !

CYRANO

Tu lui…
As écrit plus souvent que tu ne crois.

Note

1. **Vivat** : qu'elle vive.

CHRISTIAN

Hein ?

CYRANO

Dame[1] !

Je m'en étais chargé : j'interprétais ta flamme[2] !
J'écrivais quelquefois sans te dire : j'écris !

CHRISTIAN

Ah !

CYRANO

C'est tout simple !

CHRISTIAN

Mais comment t'y es-tu pris,
Depuis qu'on est bloqué pour ?...

CYRANO

Oh !... avant l'aurore
Je pouvais traverser...

CHRISTIAN, *se croisant les bras.*

Ah ! c'est tout simple encore ?
Et qu'ai-je écrit de fois par semaine ? Deux ? Trois ?...
Quatre ?

CYRANO

Plus.

CHRISTIAN

Tous les jours ?

CYRANO

Oui, tous les jours. Deux fois.

CHRISTIAN, *violemment.*

Et cela t'enivrait, et l'ivresse était telle
Que tu bravais[3] la mort...

Notes

1. *Dame* est une interjection annonçant une justification.

2. **flamme** : amour passionné.

3. **tu bravais** : tu risquais.

CYRANO, *voyant Roxane qui revient.*

Tais-toi ! Pas devant elle !

Il rentre vivement dans sa tente.

SCÈNE 8

ROXANE, CHRISTIAN ; *au fond, allées et venues de* CADETS. CARBON *et* DE GUICHE *donnent des ordres.*

ROXANE, *courant à Christian.*

Et maintenant, Christian !...

CHRISTIAN, *lui prenant les mains.*

Et maintenant, dis-moi
Pourquoi, par ces chemins effroyables, pourquoi
À travers tous ces rangs de soudards et de reîtres[1],
Tu m'as rejoint ici ?

ROXANE

C'est à cause des lettres !

CHRISTIAN

Tu dis ?

ROXANE

Tant pis pour vous si je cours ces dangers !
Ce sont vos lettres qui m'ont grisée ! Ah ! songez
Combien depuis un mois vous m'en avez écrites[2],
Et plus belles toujours !

CHRISTIAN

Quoi ! pour quelques petites
Lettres d'amour...

Notes

1. **soudards, reîtres** : soldats grossiers.
2. **vous m'en avez écrites** : pour la rime, Rostand accorde le participe passé ; mais « *en* » est un COI, non un COD, et la forme correcte devrait donc être « *écrit* ».

ROXANE

Tais-toi! Tu ne peux pas savoir!
Mon Dieu, je t'adorais, c'est vrai, depuis qu'un soir,
D'une voix que je t'ignorais, sous ma fenêtre,
Ton âme commença de se faire connaître...
Eh bien! tes lettres, c'est, vois-tu, depuis un mois,
Comme si tout le temps, je l'entendais, ta voix
De ce soir-là, si tendre, et qui vous enveloppe!
Tant pis pour toi, j'accours. La sage Pénélope[1]
Ne fût[2] pas demeurée à broder sous son toit,
Si le seigneur Ulysse[3] eût écrit comme toi;
Mais pour le joindre, elle eût, aussi folle qu'Hélène[4],
Envoyé promener ses pelotons de laine!...

[Roxane explique à Christian qu'après l'avoir aimé pour sa beauté, elle l'aime à présent pour toute la sensibilité qu'il a exprimée dans ses lettres.]

CHRISTIAN

Tais-toi!

ROXANE

Je t'aimerais encore!
Si toute ta beauté tout d'un coup s'envolait...

CHRISTIAN

Oh! ne dis pas cela!

ROXANE

Si! je le dis!

Notes

1. **Pénélope** : femme d'Ulysse qui, fidèle à son mari, avait promis de ne se remarier que lorsqu'elle aurait fini de tisser son ouvrage. Elle tissait le jour et défaisait son travail la nuit.

2. **fût** : serait (passé 2e forme du conditionnel).

3. **Ulysse** : héros grec antique dont la ruse met fin au siège de Troie; les aventures de son retour sont racontées dans l'*Odyssée* d'Homère.

4. **Hélène** : épouse du roi grec Ménélas; enlevée par le prince troyen Pâris, elle est à l'origine de la guerre de Troie.

CHRISTIAN

Quoi ? laid ?

ROXANE

Laid ! je le jure !

CHRISTIAN

Dieu !

ROXANE

Et ta joie est profonde ?

CHRISTIAN, *d'une voix étouffée.*

Oui...

ROXANE

Qu'as-tu ?...

CHRISTIAN, *la repoussant doucement.*

Rien. Deux mots à dire : une seconde...

ROXANE

Mais ?...

CHRISTIAN, *lui montrant un groupe de cadets, au fond.*

À ces pauvres gens mon amour t'enleva :
Va leur sourire un peu puisqu'ils vont mourir... va !

ROXANE, *attendrie.*

Cher Christian !

Elle remonte vers les Gascons qui s'empressent respectueusement vers elle.

SCÈNE 9

CHRISTIAN, CYRANO ; *au fond* ROXANE, *causant avec* CARBON *et quelques* CADETS

CHRISTIAN, *appelant vers la tente de Cyrano.*

Cyrano ?

CYRANO, *reparaissant, armé pour la bataille.*

Qu'est-ce ? Te voilà blême !

CHRISTIAN

Elle ne m'aime plus !

CYRANO

Comment ?

CHRISTIAN

C'est toi qu'elle aime !

CYRANO

Non !

CHRISTIAN

Elle n'aime plus que mon âme !

CYRANO

Non !

CHRISTIAN

Si !

C'est donc bien toi qu'elle aime, – et tu l'aimes aussi !

CYRANO

Moi ?

CHRISTIAN

Je le sais.

CYRANO

C'est vrai.

CHRISTIAN

Comme un fou.

CYRANO

Davantage.

CHRISTIAN

Dis-le-lui !

CYRANO

Non !

CHRISTIAN

Pourquoi ?

CYRANO

Regarde mon visage !

CHRISTIAN

Elle m'aimerait laid !

CYRANO

Elle te l'a dit !

CHRISTIAN

Là !

CYRANO

Ah ! je suis bien content qu'elle t'ait dit cela !
Mais va, va, ne crois pas cette chose insensée !
– Mon Dieu, je suis content qu'elle ait eu la pensée
De la dire, – mais va, ne la prends pas au mot,
Va, ne deviens pas laid : elle m'en voudrait trop !

CHRISTIAN

C'est ce que je veux voir !

CYRANO

Non, non !

CHRISTIAN

Qu'elle choisisse !
Tu vas lui dire tout !

CYRANO

Non, non ! Pas ce supplice.

CHRISTIAN

Je tuerais ton bonheur parce que je suis beau ?
C'est trop injuste !

CYRANO

Et moi, je mettrais au tombeau
Le tien parce que, grâce au hasard qui fait naître,
J'ai le don d'exprimer… ce que tu sens peut-être ?

CHRISTIAN

Dis-lui tout !

CYRANO

Il s'obstine à me tenter, c'est mal !

CHRISTIAN

Je suis las de porter en moi-même un rival !

CYRANO

Christian !

CHRISTIAN

Notre union, sans témoins, clandestine,
Peut se rompre, si nous survivons !

CYRANO

Il s'obstine[1] !...

CHRISTIAN

Oui, je veux être aimé moi-même, ou pas du tout !
Je vais voir ce qu'on fait, tiens ! Je vais jusqu'au bout
Du poste ; je reviens : parle, et qu'elle préfère
L'un de nous deux !

CYRANO

Ce sera toi !

CHRISTIAN

Mais... je l'espère !

Il appelle.

Roxane !

CYRANO

Non ! Non !

ROXANE, *accourant.*

Quoi ?

Note

1. **Il s'obstine :** il s'entête.

CHRISTIAN

Cyrano vous dira

Une chose importante…

Elle va vivement à Cyrano. Christian sort.

SCÈNE 10

ROXANE, CYRANO, *puis* LE BRET, CARBON, LES CADETS, RAGUENEAU, DE GUICHE, *etc.*

ROXANE

Importante ?

CYRANO, *éperdu*[1].

Il s'en va !…

À Roxane.

Rien… Il attache – oh ! Dieu ! vous devez le connaître ! –
De l'importance à rien !

ROXANE, *vivement.*

Il a douté peut-être
De ce que j'ai dit là ?… J'ai vu qu'il a douté !…

CYRANO, *lui prenant la main.*

Mais vous avez bien dit, d'ailleurs, la vérité ?

ROXANE

Oui, oui, je l'aimerais même…

Elle hésite une seconde.

CYRANO, *souriant tristement.*

Le mot vous gêne
Devant moi ?

ROXANE

Mais…

Note

1. *éperdu* : affolé.

CYRANO

Il ne me fera pas de peine !

– Même laid ?

ROXANE

Même laid !

Mousqueterie[1] *au-dehors.*

Ah ! tiens, on a tiré !

CYRANO, *ardemment*[2].

Affreux ?

ROXANE

Affreux !

CYRANO

Défiguré ?

ROXANE

Défiguré !

CYRANO

Grotesque[3] ?

ROXANE

Rien ne peut me le rendre grotesque !

CYRANO

Vous l'aimeriez encore ?

ROXANE

Et davantage presque !

CYRANO, *perdant la tête, à part.*

Mon Dieu, c'est vrai, peut-être, et le bonheur est là.

À Roxane.

Je… Roxane… écoutez !…

LE BRET, *entrant rapidement, appelle à mi-voix.*

Cyrano !

Notes

1. ***Mousqueterie*** : tirs de fusils.
2. ***ardemment*** : passionnément.
3. **Grotesque** : d'une difformité comique.

CYRANO, *se retournant.*

Hein ?

LE BRET

Chut !

Il lui dit un mot tout bas.

CYRANO, *laissant échapper la main de Roxane, avec un cri.*

Ah !...

ROXANE

Qu'avez-vous ?

CYRANO, *à lui-même, avec stupeur.*

C'est fini.

Détonations nouvelles.

ROXANE

Quoi ? Qu'est-ce encore ? On tire ?

Elle remonte pour regarder au-dehors.

CYRANO

C'est fini, jamais plus je ne pourrai le dire !

ROXANE, *voulant s'élancer.*

Que se passe-t-il ?

CYRANO, *vivement, l'arrêtant.*

Rien !

Des cadets sont entrés, cachant quelque chose qu'ils portent, et ils forment un groupe empêchant Roxane d'approcher.

ROXANE

Ces hommes ?

CYRANO, *l'éloignant.*

Laissez-les !...

ROXANE

Mais qu'alliez-vous me dire avant ?...

CYRANO

Ce que j'allais
Vous dire?… rien, oh! rien, je le jure, madame!

Solennellement.

Je jure que l'esprit de Christian, que son âme
Étaient…

Se reprenant avec terreur.

sont les plus grands…

ROXANE

Étaient?

Avec un grand cri.

Ah!…

Elle se précipite et écarte tout le monde.

CYRANO

C'est fini.

ROXANE, *voyant Christian couché dans son manteau.*

Christian!

LE BRET, *à Cyrano.*

Le premier coup de feu de l'ennemi!

Roxane se jette sur le corps de Christian. Nouveaux coups de feu. Cliquetis[1]*. Rumeurs. Tambours.*

CARBON DE CASTEL-JALOUX, *l'épée au poing.*

C'est l'attaque! Aux mousquets!

Suivi des cadets, il passe de l'autre côté du talus.

ROXANE

Christian!

LA VOIX DE CARBON, *derrière le talus.*

Qu'on se dépêche!

Note

1. ***Cliquetis*** : bruits métalliques, secs.

ROXANE

Christian !

CARBON

Alignez-vous !

ROXANE

Christian !

CARBON

Mesurez… mèche[1] !

Ragueneau est accouru, apportant de l'eau dans un casque.

CHRISTIAN, *d'une voix mourante.*

Roxane !…

CYRANO, *vite et bas à l'oreille de Christian, pendant que Roxane affolée trempe dans l'eau, pour le panser, un morceau de linge arraché à sa poitrine.*

J'ai tout dit. C'est toi qu'elle aime encor !

Christian ferme les yeux.

ROXANE

Quoi, mon amour ?

CARBON

Baguette[2] haute !

ROXANE, *à Cyrano.*

Il n'est pas mort ?…

CARBON

Ouvrez la charge[3] avec les dents !

ROXANE

Je sens sa joue

Devenir froide, là, contre la mienne !

Notes

1. ***mèche*** : feu.
2. ***Baguette*** : baguette destinée à charger le canon.
3. Avant de charger la poudre dans le canon, il faut ouvrir l'enveloppe qui la protège.

CARBON

En joue !

ROXANE

Une lettre sur lui !

Elle l'ouvre.

Pour moi !

CYRANO, *à part.*

Ma lettre !

CARBON

Feu !

Mousqueterie. Cris. Bruits de bataille.

CYRANO, *voulant dégager sa main que tient Roxane agenouillée.*

Mais, Roxane, on se bat !

ROXANE, *le retenant.*

Restez encore un peu.

Il est mort. Vous étiez le seul à le connaître.

Elle pleure doucement.

N'est-ce pas que c'était un être exquis, un être
Merveilleux ?

CYRANO, *debout, tête nue.*

Oui, Roxane.

ROXANE

Un poète inouï,

Adorable ?

CYRANO

Oui, Roxane.

ROXANE

Un esprit sublime ?

CYRANO

Oui,

Roxane !

ROXANE

Un cœur profond, inconnu du profane[1],
Une âme magnifique et charmante ?

CYRANO, *fermement.*

Oui, Roxane !

ROXANE, *se jetant sur le corps de Christian.*

Il est mort !

[Roxane s'évanouit et Cyrano, après avoir reconnu le courage du comte de Guiche, lui demande d'emmener Roxane loin du champ de bataille.]

Le fifre joue. Des blessés se relèvent. Des cadets, dégringolant le talus, viennent se grouper autour de Cyrano et du petit drapeau. Le carrosse se couvre et se remplit d'hommes, se hérisse d'arquebuses, se transforme en redoute[2].

UN CADET, *paraissant, à reculons, sur la crête, se battant toujours, crie :*

Ils montent le talus !

Et tombe mort.

CYRANO

On va les saluer !

Le talus se couronne en un instant d'une rangée terrible d'ennemis. Les grands étendards des Impériaux[3] se lèvent.

CYRANO

Feu !

Décharge générale.

CRI, *dans les rangs ennemis.*

Feu !

Riposte meurtrière. Les cadets tombent de tous côtés.

Notes

1. **du profane** : de l'homme ordinaire.
2. ***redoute*** : petite place forte défendue par l'artillerie.
3. ***Impériaux*** : Espagnols.

UN OFFICIER ESPAGNOL, *se découvrant.*
Quels sont ces gens qui se font tous tuer ?

CYRANO, *récitant debout au milieu des balles.*
Ce sont les cadets de Gascogne
De Carbon de Castel-Jaloux ;
Bretteurs et menteurs sans vergogne[1]…

Il s'élance, suivi des quelques survivants.

Ce sont les cadets…

Le reste se perd dans la bataille.

RIDEAU

Note

1. **sans vergogne** : sans honte, sans scrupule.

« Christian ! »

Questions sur la scène 10 de l'acte IV (v. 2180 à 2215, pp. 212 à 218)

Que s'est-il passé entre-temps ?

1 Répondez par « Oui » ou par « Non » aux questions suivantes :

a) Christian monte-t-il sur le balcon de Roxane et embrasse-t-il la jeune fille ? ❏ Oui ❏ Non

b) De Guiche propose-t-il à Roxane de l'épouser dans la lettre que lui remet un capucin ? ❏ Oui ❏ Non

c) Roxane lit-elle à voix haute le contenu exact de la lettre du comte de Guiche ? ❏ Oui ❏ Non

d) Roxane épouse-t-elle Christian ? ❏ Oui ❏ Non

e) Roxane rejoint-elle, avec Ragueneau, les cadets affectés au siège d'Arras ? ❏ Oui ❏ Non

f) Le carrosse de Roxane repart-il dès que les vivres ont été livrés ? ❏ Oui ❏ Non

2 Répondez, en une phrase, aux questions suivantes et justifiez vos réponses oralement :

a) Pour qui Cyrano se fait-il passer dans la scène 13 de l'acte III ?

b) En définitive (acte III, scène 14), le comte de Guiche envoie-t-il les cadets au siège d'Arras ?

c) Que demande Christian à Cyrano dans la scène 9 de l'acte IV ?

Avez-vous bien lu ?

3 Où et dans quelles circonstances se déroule cette scène ?

4 Quel est l'événement essentiel de l'extrait ?

5 Quelle est la dernière parole entendue par Christian ?

UN DÉFI THÉÂTRAL : L'ÉVOCATION D'UNE BATAILLE

Une spécificité du genre théâtral : les contraintes

À la différence du romancier, le dramaturge (auteur de pièces de théâtre) doit tenir compte des contraintes matérielles : tout ne peut pas être représenté sur scène.
La **règle de vraisemblance** invite les dramaturges à ne pas montrer ce qui sera difficilement crédible pour les spectateurs. Ainsi, quand l'intrigue comprend une scène de bataille, l'auteur peut :
– écrire une longue tirade au cours de laquelle un personnage raconte ce qui s'est passé (Corneille, *Le Cid*, IV, 3) ;
– suggérer que la bataille a lieu juste à côté de la scène.

6 Où se situent Roxane et Cyrano par rapport au champ de bataille ? Relevez les didascalies* qui justifient votre réponse. Comment cette position sert-elle la règle de vraisemblance ?

7 Relevez le champ lexical* du bruit dans les didascalies. Où ces bruits sont-ils produits ? Quel rôle jouent-ils ?

*** *didascalies* : indications concernant la mise en scène (ton, mouvement...).**
*** *champ lexical* : ensemble des mots se rapportant à une notion.**

8 Quels types de phrases (voir encadré, p. 152) rencontre-t-on dans ce passage ? Quel est l'effet produit ?

9 Le spectateur perçoit-il les alexandrins* ? Justifiez votre réponse et dégagez l'impression créée.

*** *alexandrins* : vers de douze syllabes.**

10 Qui est Carbon ? Quel rôle joue-t-il ici ? Ses répliques sont-elles reliées aux paroles des autres personnages ? Pourquoi, selon vous, Edmond Rostand a-t-il introduit ce personnage à un moment aussi crucial de l'intrigue amoureuse ?

L'ART DE L'IMPLICITE*

* *implicite* : sous-entendu.

Classes grammaticales de *le, la, les, l', leur, leurs*

Le, la, les, l', leur, leurs sont :
– des **déterminants** quand ils accompagnent un nom (***le** héros, **la** bataille, **leur** régiment...)* ;
– des **pronoms** quand ils remplacent un nom et précèdent un verbe (*je **le/la/les** regarde, je **l'**écoute, je **leur** parle* – le pronom *leur* est alors invariable).

11 Dans l'expression *« jamais plus je ne pourrai le dire »*, quelle est la classe grammaticale et la fonction* de *« le »* ? Que désigne-t-il ? Qui peut comprendre ce qu'il signifie ? Quel est l'effet produit ?

* ***fonction*** **: rôle (d'un mot ou d'un groupe de mots) dans une phrase (sujet, COD, COI, COS du verbe, attribut du sujet, complément circonstanciel...).**

12 À combien de reprises l'expression *« C'est fini »* apparaît-elle dans les propos de Cyrano ? Quelle double signification peut-elle avoir ? En quoi ces deux significations sont-elles liées ?

13 En examinant les didascalies aussi bien que les répliques, montre que la mort de Christian est progressivement annoncée.

LA DRAMATISATION

L'intensité dramatique

L'adjectif *dramatique* vient de *drama,* qui signifie « action » en grec. Ce mot renvoie à ce qui concerne l'intrigue dans une œuvre théâtrale. On parle d'**« intensité dramatique »** quand de nombreux événements surviennent en un temps donné.

14 Comment le déroulement de la scène accentue-t-il l'intensité dramatique ?

Les principaux temps des modes personnels

• **Mode indicatif :** quatre temps simples (présent, futur, imparfait, passé simple) et quatre temps composés (passé composé, futur antérieur, plus-que-parfait, passé antérieur).
• **Mode conditionnel :** un temps simple (présent) et un temps composé (passé). Aujourd'hui, les grammairiens rangent le conditionnel dans le mode indicatif.
• **Mode subjonctif :** deux temps simples (présent, imparfait) et deux temps composés (passé, plus-que-parfait).
• **Mode impératif :** un temps simple (présent) et un temps composé (passé).

15 En vous aidant, si nécessaire, d'un tableau de conjugaison, relevez, dans les répliques, les différents verbes à un mode personnel, puis classez-les selon leur mode et leur temps en justifiant leur emploi. En quoi contribuent-ils à la dramatisation de la scène ?

16 En quoi les vers 2210 à 2214 font-ils écho au début du passage (v. 2187 à 2189) ? Quel est l'effet produit ?

17 Que suggèrent, selon vous, la réplique *« Oui, Roxane »* (v. 2211 à 2214) et ses variations de ton ?

LIRE L'IMAGE

18 Comment le cinéaste rend-il l'atmosphère d'une scène de bataille (document 2 au dos de la couverture) ?

19 Qu'espriment, selon vous, le visage et l'attitude de Roxane (document 2 au dos de la couverture) ?

À VOS PLUMES !

20 Imaginez que Le Bret écrive à l'un de ses amis pour lui raconter la scène à laquelle il a assisté. Écrivez cette lettre en reprenant les éléments de l'extrait étudié.

21 Réécrivez la scène en imaginant que Christian ait eu la force, avant de mourir, d'avouer à Roxane que Cyrano était l'auteur des lettres qu'elle a reçues.

Roxane et Cyrano par Serafino Macchiati (1861-1916).

Acte V

La gazette[1] de Cyrano

Quinze ans après, en 1655. Le parc du couvent que les Dames de la Croix[2] *occupaient à Paris.*

Superbes ombrages. À gauche, la maison ; vaste perron[3] *sur lequel ouvrent plusieurs portes. Un arbre énorme au milieu d'une petite place ovale. À droite, premier plan, parmi de grands buis*[4]*, un banc de pierre demi-circulaire.*

Tout le fond du théâtre est traversé par une allée de marronniers qui aboutit à droite, quatrième plan, à la porte d'une chapelle[5] *entrevue parmi les branches. À travers le double rideau d'arbres de cette allée, on aperçoit des fuites*[6] *de pelouses, d'autres allées, des bosquets*[7]*, les profondeurs du parc, le ciel.*

La chapelle ouvre une porte latérale[8] *sur une colonnade enguirlandée de vigne rougie, qui vient se perdre à droite, au premier plan, derrière les buis.*

Notes

1. **gazette** : revue, chronique mondaine.
2. ***Dames de la Croix*** : ordre religieux féminin.
3. ***perron*** : palier placé en haut de l'escalier extérieur et permettant d'accéder à l'entrée du bâtiment.
4. ***buis*** : sortes d'arbustes.
5. ***chapelle*** : petite église.
6. ***fuites*** : perspectives.
7. ***bosquets*** : petits groupes d'arbres.
8. ***latérale*** : sur le côté.

C'est l'automne. Toute la frondaison[1] *est rousse au-dessus des pelouses fraîches. Taches sombres des buis et des ifs*[2] *restés verts. Une plaque de feuilles jaunes sous chaque arbre. Les feuilles jonchent*[3] *toute la scène, craquent sous les pas dans les allées, couvrent à demi le perron et les bancs.*

Entre le banc de droite et l'arbre, un grand métier à broder devant lequel une petite chaise a été apportée. Paniers pleins d'écheveaux[4] *et de pelotons. Tapisserie commencée.*

Au lever du rideau, des sœurs vont et viennent dans le parc ; quelques-unes sont assises sur le banc autour d'une religieuse plus âgée. Des feuilles tombent.

SCÈNE PREMIÈRE

MÈRE MARGUERITE, SŒUR MARTHE, SŒUR CLAIRE, LES SŒURS

SŒUR MARTHE, *à Mère Marguerite.*

Sœur Claire a regardé deux fois comment allait
Sa cornette[5], devant la glace.

MÈRE MARGUERITE, *à sœur Claire.*

C'est très laid.

SŒUR CLAIRE

Mais sœur Marthe a repris un pruneau de la tarte,
Ce matin : je l'ai vu.

MÈRE MARGUERITE, *à sœur Marthe.*

C'est très vilain, sœur Marthe.

SŒUR CLAIRE

Un tout petit regard !

Notes

1. ***la frondaison*** : le feuillage des arbres.
2. ***ifs*** : espèce d'arbres à feuilles persistantes.
3. ***jonchent*** : recouvrent.
4. ***écheveaux*** : fils enroulés.
5. **cornette** : sorte de coiffe portée par certaines religieuses.

SŒUR MARTHE

Un tout petit pruneau !

MÈRE MARGUERITE, *sévèrement.*

Je le dirai, ce soir, à Monsieur Cyrano.

SŒUR CLAIRE, *épouvantée.*

Non ! il va se moquer !

SŒUR MARTHE

Il dira que les nonnes[1]
Sont très coquettes !

SŒUR CLAIRE

Très gourmandes !

MÈRE MARGUERITE, *souriant.*

Et très bonnes.

SŒUR CLAIRE

N'est-ce pas, Mère Marguerite de Jésus,
Qu'il vient, le samedi, depuis dix ans !

MÈRE MARGUERITE

Et plus !
Depuis que sa cousine à nos béguins[2] de toile
Mêla le deuil mondain de sa coiffe de voile[3],
Qui chez nous vint s'abattre, il y a quatorze ans,
Comme un grand oiseau noir parmi les oiseaux blancs[4] !

SŒUR MARTHE

Lui seul, depuis qu'elle a pris chambre dans ce cloître[5],
Sait distraire un chagrin qui ne veut pas décroître[6].

Notes

1. **nonnes** : religieuses.
2. **béguins** : petites coiffes nouées sous le menton et portées par certaines religieuses.
3. Roxane vit avec les religieuses mais reste une laïque, comme l'indique la coiffe qu'elle porte.
4. Les religieuses sont en blanc, alors que Roxane s'habille en noir, couleur du deuil.
5. **cloître** : ici, couvent.
6. **décroître** : diminuer.

[On entrevoit le comte de Guiche âgé se promenant avec Roxane, mais une religieuse dit que, très pris par *« la cour »* et *« les camps »*, il n'est pas *« venu la voir depuis des mois »*.]

SCÈNE 2

ROXANE, LE DUC DE GRAMONT[1], *ancien comte de Guiche, puis* LE BRET *et* RAGUENEAU

LE DUC

Et vous demeurerez ici, vainement[2] blonde,
Toujours en deuil ?

ROXANE

Toujours.

LE DUC

Aussi fidèle ?

ROXANE

Aussi.

LE DUC, *après un temps.*

Vous m'avez pardonné ?

ROXANE, *simplement, regardant la croix du couvent.*

Puisque je suis ici[3].

Nouveau silence.

LE DUC

Vraiment c'était un être ?…

ROXANE

Il fallait le connaître !

Notes

1. De Guiche est devenu maréchal et duc de Gramont.
2. **vainement** : inutilement.
3. La religion catholique demande de pardonner.

LE DUC

Ah! Il fallait?... Je l'ai trop peu connu, peut-être!
Et son dernier billet, sur votre cœur, toujours?

ROXANE

Comme un doux scapulaire[1], il pend à ce velours[2].

LE DUC

Même mort, vous l'aimez?

ROXANE

Quelquefois il me semble
Qu'il est mort à demi, que nos cœurs sont ensemble,
Et que son amour flotte, autour de moi, vivant!

LE DUC, *après un silence encore.*

Est-ce que Cyrano vient vous voir?

ROXANE

Oui, souvent.
– Ce vieil ami, pour moi, remplace les gazettes.
Il vient; c'est régulier; sous cet arbre où vous êtes
On place son fauteuil, s'il fait beau; je l'attends
En brodant; l'heure sonne; au dernier coup, j'entends
– Car je ne tourne plus même le front! – sa canne
Descendre le perron; il s'assied; il ricane[3]
De ma tapisserie éternelle[4]; il me fait
La chronique de la semaine, et...

Le Bret paraît sur le perron.

Tiens, Le Bret!

Le Bret descend.

Comment va notre ami?

LE BRET

Mal.

Notes

1. **scapulaire** : étoffe bénie portée par les religieux sous leur vêtement.
2. **velours** : ruban de velours.
3. **il ricane** : ici, il se moque.
4. **tapisserie éternelle** : allusion à la fidélité de Pénélope, la femme d'Ulysse.

LE DUC

Oh!

ROXANE, *au duc.*

Il exagère!

LE BRET

Tout ce que j'ai prédit : l'abandon, la misère!...
Ses épîtres lui font des ennemis nouveaux!
Il attaque les faux nobles, les faux dévots[1],
Les faux braves, les plagiaires[2], – tout le monde!

ROXANE

Mais son épée inspire une terreur profonde.
On ne viendra jamais à bout de lui.

LE DUC, *hochant la tête.*

Qui sait!

LE BRET

Ce que je crains, ce n'est pas les attaques, c'est
La solitude, la famine, c'est Décembre
Entrant à pas de loups dans son obscure chambre :
Voilà les spadassins qui plutôt le tueront!
Il serre chaque jour, d'un cran, son ceinturon.
Son pauvre nez a pris des tons de vieil ivoire.
Il n'a plus qu'un petit habit de serge[3] noire.

LE DUC

Ah! celui-là n'est pas parvenu[4]! – C'est égal,
Ne le plaignez pas trop.

LE BRET, *avec un sourire amer.*

Monsieur le maréchal!...

Notes

1. **faux dévots** : ceux qui masquent leur mauvais comportement derrière une attitude religieuse. Molière les a dénoncés dans *Le Tartuffe*, qui a fait scandale en 1664.

2. **plagiaires** : ceux qui copient les œuvres des autres.

3. **serge** : sorte de tissu fin.

4. **n'est pas parvenu** : n'a pas réussi socialement.

LE DUC

Ne le plaignez pas trop : il a vécu sans pactes[1],
Libre dans sa pensée autant que dans ses actes.

LE BRET, *de même.*

Monsieur le duc !...

LE DUC, *hautainement.*

Je sais, oui : j'ai tout ; il n'a rien...
Mais je lui serrerais bien volontiers la main.

Saluant Roxane.

Adieu.

ROXANE

Je vous conduis[2].

Le duc salue Le Bret et se dirige avec Roxane vers le perron.

LE DUC, *s'arrêtant, tandis qu'elle monte.*

Oui, parfois, je l'envie.
– Voyez-vous, lorsqu'on a trop réussi sa vie,
On sent, – n'ayant rien fait, mon Dieu, de vraiment mal ! –
Mille petits dégoûts de soi, dont le total
Ne fait pas un remords[3], mais une gêne obscure ;
Et les manteaux de duc traînent, dans leur fourrure,
Pendant que des grandeurs[4] on monte les degrés[5],
Un bruit d'illusions sèches et de regrets,
Comme, quand vous montez lentement vers ces portes,
Votre robe de deuil traîne des feuilles mortes.

ROXANE, *ironique.*

Vous voilà bien rêveur ?...

LE DUC

Eh ! oui !

Notes

1. **pactes** : compromissions.
2. **Je vous conduis** : je vous raccompagne.
3. **remords** : regret profond concernant une mauvaise action que l'on a commise.
4. **grandeurs** : honneurs.
5. **degrés** : marches.

Au moment de sortir, brusquement.

Monsieur Le Bret !

À Roxane.

Vous permettez ? Un mot.

Il va à Le Bret et, à mi-voix.

C'est vrai : nul n'oserait
Attaquer votre ami ; mais beaucoup l'ont en haine ;
Et quelqu'un me disait, hier, au jeu, chez la Reine :
« Ce Cyrano pourrait mourir d'un accident. »

LE BRET

Ah ?

LE DUC

Oui. Qu'il sorte peu. Qu'il soit prudent.

LE BRET, *levant les bras au ciel.*

Prudent !
Il va venir. Je vais l'avertir. Oui, mais !…

ROXANE, *qui est restée sur le perron, à une sœur qui s'avance vers elle.*

Qu'est-ce ?

LA SŒUR

Ragueneau veut vous voir, Madame.

ROXANE

Qu'on le laisse
Entrer.

[Roxane sort avec le duc et Ragueneau se dirige vers Le Bret. Dans la scène 3, Ragueneau apprend à Le Bret que Cyrano, blessé à la tête par une pièce de bois jetée du haut d'une fenêtre, est mourant.]

SCÈNE 4

ROXANE *seule, puis* DEUX SŒURS, *un instant.*

ROXANE

Ah! que ce dernier jour de septembre est donc beau!
Ma tristesse sourit. Elle qu'Avril offusque[1]
Se laisse décider par l'automne, moins brusque.

Elle s'assied à son métier. Deux sœurs sortent de la maison et apportent un grand fauteuil sous l'arbre.

Ah! voici le fauteuil classique[2] où vient s'asseoir
Mon vieil ami!

SŒUR MARTHE

Mais c'est le meilleur du parloir!

ROXANE

Merci, ma sœur.

Les sœurs s'éloignent.

Il va venir.

Elle s'installe. On entend sonner l'heure.

Là… l'heure sonne.
– Mes écheveaux! – L'heure a sonné? Ceci m'étonne!
Serait-il en retard pour la première fois?
La sœur tourière[3] doit – mon dé?… là, je le vois! –
L'exhorter à la pénitence[4].

Un temps.

Elle l'exhorte!
– Il ne peut plus tarder. – Tiens! une feuille morte! –

Elle pousse du doigt la feuille tombée sur son métier.

Notes

1. **offusque** : choque.
2. **classique** : ordinaire.
3. **sœur tourière** : sœur qui se tient à l'entrée du couvent et ne vit pas cloîtrée.
4. **L'exhorter à la pénitence** : l'encourager, le pousser à se repentir.

D'ailleurs, rien ne pourrait – mes ciseaux… dans mon sac! –
L'empêcher de venir!

UNE SŒUR, *paraissant sur le perron.*

Monsieur de Bergerac.

SCÈNE 5

ROXANE, CYRANO *et, un moment,* SŒUR MARTHE

ROXANE, *sans se retourner.*

Qu'est-ce que je disais?

Et elle brode. Cyrano, très pâle, le feutre enfoncé sur les yeux, paraît. La sœur qui l'a introduit rentre. Il se met à descendre le perron lentement, avec un effort visible pour se tenir debout, et en s'appuyant sur sa canne. Roxane travaille à sa tapisserie.

Ah! ces teintes fanées…
Comment les rassortir[1]?

À Cyrano, sur un ton d'amicale gronderie.

Depuis quatorze années,
Pour la première fois, en retard!

CYRANO, *qui est parvenu au fauteuil et s'est assis, d'une voie gaie contrastant avec son visage.*

Oui, c'est fou!
J'enrage. Je fus mis en retard, vertuchou[2]!…

ROXANE

Par?

CYRANO

Par une visite assez inopportune.

ROXANE, *distraite, travaillant.*

Ah! oui! quelque fâcheux?

Notes

1. **rassortir** : assortir.

2. *Vertuchou* est un juron exprimant l'impatience.

CYRANO

Cousine, c'était une
Fâcheuse[1].

ROXANE

Vous l'avez renvoyée ?

CYRANO

Oui, j'ai dit :
Excusez-moi, mais c'est aujourd'hui samedi,
Jour où je dois me rendre en certaine demeure ;
Rien ne m'y fait manquer : repassez dans une heure.

ROXANE, *légèrement.*

Eh bien ! cette personne attendra pour vous voir :
Je ne vous laisse pas partir avant ce soir.

CYRANO, *avec douceur.*

Peut-être un peu plus tôt faudra-t-il que je parte.

Il ferme les yeux et se tait un instant. Sœur Marthe traverse le parc de la chapelle au perron. Roxane l'aperçoit, lui fait un petit signe de tête.

ROXANE, *à Cyrano.*

Vous ne taquinez pas sœur Marthe ?

CYRANO, *vivement, ouvrant les yeux.*

Si !

Avec une grosse voix comique.

Sœur Marthe !
Approchez !

La sœur glisse vers lui.

Ha ! ha ! ha ! Beaux yeux toujours baissés !

Note

1. On peut deviner un jeu de mots, car le mot est proche de *Faucheuse* qui désigne la Mort.

SŒUR MARTHE, *levant les yeux en souriant.*

Mais…

Elle voit sa figure et fait un geste d'étonnement.

Oh !

CYRANO, *bas, lui montrant Roxane.*

Chut ! Ce n'est rien !

D'une voix fanfaronne[1]. *Haut.*

Hier, j'ai fait gras[2].

SŒUR MARTHE

Je sais.

À part.

C'est pour cela qu'il est si pâle !

Vite et bas.

Au réfectoire
Vous viendrez tout à l'heure, et je vous ferai boire
Un grand bol de bouillon… Vous viendrez ?

CYRANO

Oui, oui, oui.

SŒUR MARTHE

Ah ! vous êtes un peu raisonnable, aujourd'hui !

ROXANE, *qui les entend chuchoter.*

Elle essaye de vous convertir ?

SŒUR MARTHE

Je m'en garde[3] !

CYRANO

Tiens, c'est vrai ! Vous toujours si saintement bavarde,
Vous ne me prêchez pas[4] ? C'est étonnant, ceci !

Avec une fureur bouffonne.

Notes

1. *fanfaronne* : qui se vante.
2. **j'ai fait gras** : j'ai beaucoup mangé.
3. **Je m'en garde** : en aucun cas.
4. **Vous ne me prêchez pas** : vous ne me sermonnez pas.

Sabre de bois ! Je veux vous étonner aussi !
Tenez, je vous permets...

Il a l'air de chercher une bonne taquinerie et de la trouver.

Ah ! la chose est nouvelle ?...
De... de prier pour moi, ce soir, à la chapelle.

ROXANE

Oh ! oh !

CYRANO, *riant.*

Sœur Marthe est dans la stupéfaction !

SŒUR MARTHE, *doucement.*

Je n'ai pas attendu votre permission.

Elle rentre.

CYRANO, *revenant à Roxane, penchée sur son métier.*

Du diable si je peux jamais[1], tapisserie,
Voir ta fin !

ROXANE

J'attendais cette plaisanterie.

À ce moment, un peu de brise fait tomber les feuilles.

CYRANO

Les feuilles !

ROXANE, *levant la tête et regardant au loin, dans les allées.*

Elles sont d'un blond vénitien[2].
Regardez-les tomber.

CYRANO

Comme elles tombent bien !
Dans ce trajet si court de la branche à la terre,
Comme elles savent mettre une beauté dernière,
Et, malgré leur terreur de pourrir sur le sol,
Veulent que cette chute ait la grâce d'un vol !

Notes

1. **Du diable si je peux jamais** : je ne pourrai jamais.

2. **blond vénitien** : blond doré.

ROXANE

Mélancolique[1], vous!

CYRANO, *se reprenant.*

Mais pas du tout, Roxane!

ROXANE

Allons, laissez tomber les feuilles de platane…
Et racontez un peu ce qu'il y a de neuf.
Ma gazette?

CYRANO

Voici!

ROXANE

Ah!

CYRANO, *de plus en plus pâle et luttant contre la douleur.*

Samedi, dix-neuf:
Ayant mangé huit fois du raisiné de Cette[2],
Le Roi fut pris de fièvre; à deux coups de lancette[3]
Son mal fut condamné pour lèse-majesté[4],
Et cet auguste[5] pouls n'a plus fébricité[6]!
Au grand bal, chez la Reine, on a brûlé, dimanche,
Sept cent soixante-trois flambeaux de cire blanche[7];
Nos troupes ont battu, dit-on, Jean l'Autrichien[8];
On a pendu quatre sorciers; le petit chien
De madame d'Athis a dû prendre un clystère[9]…

ROXANE

Monsieur de Bergerac, voulez-vous bien vous taire!

Notes

1. **Mélancolique :** triste.
2. **raisiné de Cette :** gelée de raisin fabriquée à Sète dans le Sud de la France.
3. **lancette :** instrument de chirurgie tranchant.
4. **lèse-majesté :** offense au roi; le crime de lèse-majesté était passible de la peine de mort.
5. **auguste :** vénérable.
6. **n'a plus fébricité :** n'a plus eu de fièvre.
7. **cire blanche :** cire d'abeille, beaucoup plus chère que les chandelles en gras de porc, mais beaucoup plus agréable car sans odeur.
8. Don Juan d'Autriche, vice-roi des Pays-Bas, est battu par les Français en 1658.
9. **clystère :** lavement.

CYRANO

Lundi… rien. Lygdamire[1] a changé d'amant.

ROXANE

Oh !

CYRANO, *dont le visage s'altère*[2] *de plus en plus.*

Mardi, toute la Cour est à Fontainebleau[3].
Mercredi, la Montglat[4] dit au comte de Fiesque :
« Non ! » Jeudi : Mancini[5], reine de France, – ou presque !
Le vingt-cinq, la Montglat à de Fiesque dit : « Oui. »
Et samedi, vingt-six…

Il ferme les yeux. Sa tête tombe. Silence.

ROXANE, *surprise de ne plus rien entendre, se retourne, le regarde, et se levant effrayée.*

Il est évanoui ?

Elle court vers lui en criant.

Cyrano !

CYRANO, *rouvrant les yeux, d'une voix vague.*

Qu'est-ce ?… Quoi ?…

Il voit Roxane penchée sur lui et, vivement, assurant[6] *son chapeau sur sa tête et reculant avec effroi dans son fauteuil.*

Non, non, je vous assure,
Ce n'est rien. Laissez-moi !

ROXANE

Pourtant…

CYRANO

C'est ma blessure
D'Arras… qui… quelquefois… vous savez…

Notes

1. **Lygdamire** : nom d'une précieuse.
2. ***s'altère*** : se défait.
3. **Fontainebleau** : château de Fontainebleau.
4. **la Montglat** : la marquise de Montglat.
5. Marie Mancini, nièce du cardinal Mazarin, faillit épouser Louis XIV.
6. ***assurant*** : ici, enfonçant.

ROXANE

Pauvre ami !

CYRANO

Mais ce n'est rien. Cela va finir.

Il sourit avec effort.

C'est fini.

ROXANE, *debout près de lui.*

Chacun de nous a sa blessure : j'ai la mienne.
Toujours vive, elle est là, cette blessure ancienne,

Elle met la main sur sa poitrine.

Elle est là, sous la lettre au papier jaunissant
Où l'on peut voir encor des larmes et du sang !

Le crépuscule commence à venir.

CYRANO

Sa lettre !… N'aviez-vous pas dit qu'un jour, peut-être,
Vous me la feriez lire ?

ROXANE

Ah ! vous voulez ?… Sa lettre ?

CYRANO

Oui… Je veux… Aujourd'hui…

ROXANE, *lui donnant le sachet pendu à son cou.*

Tenez !

CYRANO, *le prenant.*

Je peux l'ouvrir ?

ROXANE

Ouvrez… lisez !…

Elle revient à son métier, le replie, range ses laines.

CYRANO, *lisant.*

« Roxane, adieu, je vais mourir ! »

ROXANE, *s'arrêtant, étonnée.*

Tout haut ?

CYRANO, *lisant.*

« C'est pour ce soir, je crois, ma bien-aimée !
« J'ai l'âme lourde encor d'amour inexprimée,
« Et je meurs ! Jamais plus, jamais mes yeux grisés,
« Mes regards dont c'était… »

ROXANE

Comme vous la lisez,
Sa lettre !

CYRANO, *continuant.*

« … dont c'était les frémissantes fêtes,
« Ne baiseront au vol les gestes que vous faites ;
« J'en revois un petit qui vous est familier
« Pour toucher votre front, et je voudrais crier… »

ROXANE, *troublée.*

Comme vous la lisez, – cette lettre !

La nuit vient insensiblement.

CYRANO

« Et je crie :
« Adieu !… »

ROXANE

Vous la lisez…

CYRANO

« Ma chère, ma chérie,
« Mon trésor… »

ROXANE, *rêveuse.*

D'une voix…

CYRANO

« Mon amour… »

ROXANE

D'une voix…

Elle tressaille.

Mais… que je n'entends pas pour la première fois !

Elle s'approche tout doucement, sans qu'il s'en aperçoive, passe derrière le fauteuil, se penche sans bruit, regarde la lettre. – L'ombre augmente.

CYRANO

« Mon cœur ne vous quitta jamais une seconde,
« Et je suis et serai jusque dans l'autre monde[1]
« Celui qui vous aima sans mesure, celui… »

ROXANE, *lui posant la main sur l'épaule.*

Comment pouvez-vous lire à présent ? Il fait nuit.

Il tressaille[2]*, se retourne, la voit là tout près, fait un geste d'effroi, baisse la tête. Un long silence. Puis, dans l'ombre complètement venue, elle dit avec lenteur, joignant les mains :*

Et pendant quatorze ans, il a joué ce rôle
D'être le vieil ami qui vient pour être drôle !

CYRANO

Roxane !

ROXANE

C'était vous.

CYRANO

Non, non, Roxane, non !

ROXANE

J'aurais dû deviner quand il disait mon nom !

CYRANO

Non ! ce n'était pas moi !

ROXANE

C'était vous !

CYRANO

Je vous jure…

Notes

1. ***l'autre monde*** : le monde de la mort ; allusion possible au titre qui réunit les livres du vrai Cyrano consacrés aux Empires de la Lune et du Soleil.

2. ***Il tressaille*** : il sursaute.

ROXANE

J'aperçois toute la généreuse imposture[1] :
Les lettres, c'était vous…

CYRANO

Non !

ROXANE

Les mots chers et fous,
C'était vous…

CYRANO

Non !

ROXANE

La voix dans la nuit, c'était vous.

CYRANO

Je vous jure que non !

ROXANE

L'âme, c'était la vôtre !

CYRANO

Je ne vous aimais pas.

ROXANE

Vous m'aimiez !

CYRANO, *se débattant.*

C'était l'autre !

ROXANE

Vous m'aimiez !

CYRANO, *d'une voix qui faiblit.*

Non !

ROXANE

Déjà vous le dites plus bas !

Note

1. **imposture** : tromperie.

CYRANO

Non, non, mon cher amour, je ne vous aimais pas!

ROXANE

Ah! que de choses qui sont mortes… qui sont nées!
Pourquoi vous être tu pendant quatorze années,
Puisque sur cette lettre où lui n'était pour rien
Ces pleurs étaient de vous?

CYRANO, *lui tendant la lettre.*

Ce sang était le sien.

ROXANE

Alors pourquoi laisser ce sublime silence
Se briser aujourd'hui?

CYRANO

Pourquoi?…

Le Bret et Ragueneau entrent en courant.

SCÈNE 6

LES MÊMES, LE BRET *et* RAGUENEAU.

LE BRET

Quelle imprudence!
Ah! j'en étais bien sûr! il est là!

CYRANO, *souriant et se redressant.*

Tiens, parbleu!

LE BRET

Il s'est tué, Madame, en se levant!

ROXANE

Grand Dieu!
Mais tout à l'heure alors… cette faiblesse?… cette?…

CYRANO

C'est vrai! je n'avais pas terminé ma gazette :
… Et samedi, vingt-six, une heure avant dîné,
Monsieur de Bergerac est mort assassiné.

Il se découvre; on voit sa tête entourée de linges.

ROXANE

Que dit-il? – Cyrano! – Sa tête enveloppée!…
Ah! que vous a-t-on fait? Pourquoi?

CYRANO

«D'un coup d'épée,
Frappé par un héros, tomber la pointe au cœur!»…
– Oui, je disais cela!… Le destin est railleur!…
Et voilà que je suis tué dans une embûche[1],
Par-derrière, par un laquais, d'un coup de bûche!
C'est très bien. J'aurai tout manqué, même ma mort.

RAGUENEAU

Ah! Monsieur!…

CYRANO

Ragueneau, ne pleure pas si fort!…

Il lui tend la main.

Qu'est-ce que tu deviens, maintenant, mon confrère?

RAGUENEAU, *à travers ses larmes.*

Je suis moucheur de… de… chandelles, chez Molière.

CYRANO

Molière!

RAGUENEAU

Mais je veux le quitter, dès demain;
Oui, je suis indigné!… Hier, on jouait *Scapin*[2],
Et j'ai vu qu'il vous a pris une scène!

Notes

1. **embûche** : embuscade.
2. À la fin des *Fourberies de Scapin*, Scapin, la tête bandée, faisant semblant d'être à l'agonie, demande à participer au festin qui va être servi.

LE BRET

Entière !

RAGUENEAU

Oui, Monsieur, le fameux : « Que diable allait-il faire ?[1]… »

LE BRET, *furieux.*

Molière te l'a pris !

CYRANO

Chut ! chut ! Il a bien fait !…

À Ragueneau.

La scène, n'est-ce pas, produit beaucoup d'effet ?

RAGUENEAU, *sanglotant.*

Ah ! Monsieur, on riait ! on riait !

CYRANO

Oui, ma vie
Ce fut d'être celui qui souffle[2] – et qu'on oublie !

À Roxane.

Vous souvient-il du soir où Christian vous parla
Sous le balcon ? Eh bien ! toute ma vie est là :
Pendant que je restais en bas, dans l'ombre noire,
D'autres montaient cueillir le baiser de la gloire !
C'est justice, et j'approuve au seuil[3] de mon tombeau :
Molière a du génie et Christian était beau !

À ce moment, la cloche de la chapelle ayant tinté, on voit tout au fond, dans l'allée, les religieuses se rendant à l'office[4].

Qu'elles aillent prier puisque leur cloche sonne !

Notes

1. Dans une scène célèbre, Géronte ne cesse de répéter « *Que diable allait-il faire dans cette galère ?* ». Pour écrire ce passage des *Fourberies de Scapin*, Molière s'est inspiré de la comédie *Le Pédant joué* de Cyrano (v. 1646).

2. **celui qui souffle** : au théâtre, le souffleur.

3. **au seuil** : à l'entrée.

4. ***office*** : office religieux ; il s'agit probablement des vêpres, une prière du soir.

ROXANE, *se relevant pour appeler.*

Ma sœur ! ma sœur !

CYRANO, *la retenant.*

Non ! non ! n'allez chercher personne !
Quand vous reviendriez, je ne serais plus là.

Les religieuses sont entrées dans la chapelle, on entend l'orgue.

Il me manquait un peu d'harmonie… en voilà.

ROXANE

Je vous aime, vivez !

CYRANO

Non ! car c'est dans le conte
Que, lorsqu'on dit : Je t'aime ! au prince plein de honte,
Il sent sa laideur fondre à ces mots de soleil[1]…
Mais tu t'apercevrais que je reste pareil.

ROXANE

J'ai fait votre malheur ! moi ! moi !

CYRANO

Vous ?… au contraire !
J'ignorais la douceur féminine. Ma mère
Ne m'a pas trouvé beau. Je n'ai pas eu de sœur.
Plus tard, j'ai redouté l'amante à l'œil moqueur.
Je vous dois d'avoir eu, tout au moins, une amie.
Grâce à vous une robe a passé dans ma vie.

LE BRET, *lui montrant le clair de lune qui descend à travers les branches.*

Ton autre amie est là, qui vient te voir.

CYRANO, *souriant à la lune.*

Je vois.

ROXANE

Je n'aimais qu'un seul être et je le perds deux fois !

Note

1. Ce thème figure dans *Riquet à la houppe* de Perrault (1697).

CYRANO

Le Bret, je vais monter dans la lune opaline[1],
Sans qu'il faille inventer, aujourd'hui, de machine.

ROXANE

Que dites-vous ?

CYRANO

Mais oui, c'est là, je vous le dis,
Que l'on va m'envoyer faire mon paradis.
Plus d'une âme que j'aime y doit être exilée,
Et je retrouverai Socrate[2] et Galilée[3] !

LE BRET, *se révoltant.*

Non ! non ! C'est trop stupide à la fin, et c'est trop
Injuste ! Un tel poète ! Un cœur si grand, si haut !
Mourir ainsi !... Mourir !...

CYRANO

Voilà Le Bret qui grogne !

LE BRET, *fondant en larmes.*

Mon cher ami...

CYRANO, *se soulevant, l'œil égaré.*

Ce sont les cadets de Gascogne...
La masse élémentaire[4]... Eh oui ?... voilà le *hic*...

LE BRET

Sa science... dans son délire !

Notes

1. opaline : blanche.
2. Socrate (Ve s. av J.-C.) est un philosophe grec antique.
3. Galilée (1564-1642) est un astronome italien. Il fut le premier à utiliser une lunette astronomique pour observer la Lune – ce qui le conduisit à remettre en question la physique du philosophe grec antique Aristote, selon qui la Terre occupait le centre de l'Univers.
4. masse élémentaire : matière à l'origine.

CYRANO

Copernic[1]

A dit…

ROXANE

Oh !

CYRANO

Mais aussi que diable allait-il faire,
Mais que diable allait-il faire en cette galère ?…
Philosophe, physicien,
Rimeur, bretteur, musicien,
Et voyageur aérien,
Grand riposteur du tac au tac[2],
Amant[3] aussi – pas pour son bien ! –
Ci-gît Hercule-Savinien
De Cyrano de Bergerac
Qui fut tout, et qui ne fut rien.
… Mais je m'en vais, pardon, je ne peux faire attendre :
Vous voyez, le rayon de lune vient me prendre !

Il est retombé assis, les pleurs de Roxane le rappellent à la réalité, il la regarde, et, caressant ses voiles :

Je ne veux pas que vous pleuriez moins ce charmant,
Ce bon, ce beau Christian, mais je veux seulement
Que lorsque le grand froid aura pris mes vertèbres,
Vous donniez un sens double à ces voiles funèbres,
Et que son deuil sur vous devienne un peu mon deuil.

ROXANE

Je vous jure !…

Notes

1. Nicolas Copernic (1473-1543) est un savant polonais qui expliqua ce que Galilée montra, ensuite, avec sa lunette : la Terre tourne autour du Soleil, et non l'inverse.

2. **riposteur du tac au tac** : personne qui a le sens de la repartie.

3. **Amant** : amoureux.

CYRANO, *est secoué d'un grand frisson et se lève brusquement.*

Pas là ! non ! pas dans ce fauteuil !

On veut s'élancer vers lui.

Ne me soutenez pas ! Personne !

Il va s'adosser à l'arbre.

Rien que l'arbre !

Silence.

Elle vient. Je me sens déjà botté de marbre,
Ganté de plomb !

Il se raidit.

Oh ! mais !… puisqu'elle est en chemin,
Je l'attendrai debout,

Il tire l'épée.

et l'épée à la main !

LE BRET

Cyrano !

ROXANE, *défaillante*[1].

Cyrano !

Tous reculent épouvantés.

CYRANO

Je crois qu'elle regarde…
Qu'elle ose regarder mon nez, cette Camarde[2] !

Il lève son épée.

Que dites-vous ?… C'est inutile ?… Je le sais !
Mais on ne se bat pas dans l'espoir du succès !
Non ! non, c'est bien plus beau lorsque c'est inutile !
Qu'est-ce que c'est que tous ceux-là ! Vous êtes mille ?
Ah ! je vous reconnais, tous mes vieux ennemis !

Notes

1. ***défaillante*** : au bord de l'évanouissement.

2. **Camarde** : figure de la Mort généralement représentée avec un nez aplati ; *camard* signifie « qui a le nez aplati ».

Le Mensonge ?

Il frappe de son épée le vide.

Tiens, tiens ! – Ha ! ha ! les Compromis,
Les Préjugés, les Lâchetés !…

Il frappe.

Que je pactise[1] ?
Jamais, jamais ! – Ah ! te voilà, toi, la Sottise !
Je sais bien qu'à la fin vous me mettrez à bas[2] ;
N'importe : je me bats ! je me bats ! je me bats !

Il fait des moulinets[3] immenses et s'arrête haletant.

Oui, vous m'arrachez tout, le laurier[4] et la rose[5] !
Arrachez ! Il y a malgré vous quelque chose
Que j'emporte ; et ce soir, quand j'entrerai chez Dieu,
Mon salut balaiera largement le seuil bleu,
Quelque chose que, sans un pli, sans une tache,
J'emporte malgré vous,

Il s'élance l'épée haute.

et c'est…

L'épée s'échappe de ses mains, il chancelle[6], tombe dans les bras de Le Bret et de Ragueneau.

ROXANE, *se penchant sur lui et lui baisant le front.*

C'est ?…

CYRANO, *rouvre les yeux, la reconnaît et dit en souriant.*

Mon panache[7].

RIDEAU

Notes

1. **Que je pactise** : que je conclue un accord (proposition au subjonctif).
2. **vous me mettrez à bas** : vous m'abattrez.
3. ***moulinets*** : grands gestes en tournant.
4. **laurier** : plante symbolisant la gloire.
5. **rose** : symbole de l'amour.
6. ***il chancelle*** : il manque de tomber.
7. **panache** : au sens propre, « grande plume », notamment sur les chapeaux des hommes d'armes ; au sens figuré, « brio », « virtuosité », « éclat ».

« Je l'attendrai debout »

Questions sur la scène 6 de l'acte V (pp. 244 à 251)

Que s'est-il passé entre-temps ?

1. Qui emmène Roxane loin du siège d'Arras ?

2. Combien de temps après le siège d'Arras les scènes de l'acte V se déroulent-elles ? Dans quel lieu ?

3. De quelle couleur sont les vêtements de Roxane ? Pourquoi ?

4. Sous quel nom le duc de Gramont était-il connu auparavant dans la pièce ?

5. Cyrano rend-il souvent visite à sa cousine ? Justifiez votre réponse.

6. Qu'apprend Ragueneau à Le Bret ?

7. Comment Roxane découvre-t-elle que Cyrano est l'auteur de la lettre qu'elle garde sur elle précieusement ?

Avez-vous bien lu ?

8. Cochez la ou les réponses justes.

a) Cyrano annonce à Roxane qu'il va mourir :

❑ en enlevant son chapeau.

❑ en se mettant à pleurer.

❑ en disant : « *Monsieur de Bergerac est mort assassiné* ».

b) Ragueneau apprend à Cyrano :

❑ qu'il est moucheur de chandelles pour Molière.

❑ qu'il joue dans la troupe de Molière.

❑ que Molière a copié une de ses répliques.

c) Roxane avoue à Cyrano :

❑ qu'elle a toujours su qu'il était l'auteur des lettres.

❑ qu'elle l'aime.

❑ qu'elle n'a jamais aimé Christian.

d) Cyrano veut mourir :

❑ debout.

❑ l'épée à la main.

❑ dans les bras de Roxane.

9 À qui ou à quoi fait référence chacune des présences féminines soulignées ici ?

a) «*Je vous dois d'avoir eu, tout au moins, une amie*» (v. 2515)
....

b) «*Ton autre amie est là, qui vient te voir*» (v. 2517)
....

c) «*Elle vient*» (v. 2550) ....

La représentation de la mort au théâtre : un moment intense

Les règles du théâtre classique (XVIIe et XVIIIe siècles)

• **Règle des trois unités :** la pièce doit se dérouler en un lieu (unité de lieu), en un jour (unité de temps) et ne présenter qu'une seule intrigue (unité d'action).
• **Règle de vraisemblance :** ce qui est représenté doit être crédible.
• **Règle de bienséance :** le spectateur ne doit pas être choqué, notamment par la représentation de la mort.

10 Edmond Rostand respecte-t-il la règle de bienséance du théâtre classique ? Justifiez votre réponse. Quel est l'effet sur le spectateur, selon vous ?

11. Relevez, dans les répliques des personnages, les mots et les expressions appartenant au champ lexical de la mort et précisez, à chaque fois, leur classe grammaticale* ou celle de chacun de leurs constituants.

*** *classe grammaticale* :** **nom, déterminant, pronom, adjectif, verbe, adverbe, préposition, conjonction de coordination, conjonction de subordination ou interjection.**

12. Examinez les didascalies : comment la mise en scène, notamment en ralentissant l'action, contribue-t-elle à rendre bouleversante la mort de Cyrano ?

La phrase complexe

- Une **phrase complexe** est une phrase composée d'au moins deux propositions.
- Une **proposition** est un groupe de mots centré sur un verbe conjugué : la proposition principale dirige la proposition subordonnée.
- Une **proposition indépendante** est une proposition qui se suffit à elle-même :
  – les propositions indépendantes **juxtaposées** ne sont pas reliées ;
  – les propositions indépendantes **coordonnées** sont reliées par une conjonction de coordination *(mais, et…)* ou un adverbe de liaison *(puis, enfin…)*.

13. Relevez les passages dans lesquels Roxane exprime ouvertement son amour. Pour chacun d'eux, commentez la syntaxe* en identifiant les propositions.

*** *syntaxe* :** **construction de la phrase.**

14. Qu'éprouve, selon vous, le spectateur en découvrant que Roxane et Cyrano s'avouent leur amour au moment où ce dernier est sur le point de mourir ?

L'ultime portrait du héros

15. Quelle est la particularité des vers 2533 à 2540 ? En quoi ce passage est-il une épitaphe* ? Comment Edmond Rostand s'y prend-il pour rendre les vers 2538 à 2540 particulièrement frappants ?

*** *épitaphe* :** **inscription sur un tombeau en mémoire de la personne décédée.**

16 Quel portrait de Cyrano l'avant-dernière tirade (v. 2531 à 2547) dresse-t-elle ? Relevez les différents aspects du personnage en vous appuyant sur des citations.

La métrique (les types de vers)

En français, les vers les plus courants sont pairs ; ce qui veut dire que leur nombre de syllabes est pair :
- **octosyllabe** = huit syllabes ;
- **décasyllabe** = dix syllabes ;
- **alexandrin** = douze syllabes.

17 Dans la liste suivante, choisissez quatre mots qui, selon vous, caractérisent Cyrano dans cette dernière scène et justifiez votre choix :

amoureux – amer – ridicule – furieux – courageux – poète – désespéré – héroïque

Le dénouement : un miroir de la pièce

Le drame romantique

• Au début du XIXe siècle, les écrivains romantiques, menés par Victor Hugo, rejettent les principales règles du théâtre classique (unités de lieu, de temps et bienséance) pour proposer un nouveau modèle qui mélange les genres (comique, tragique) et accorde une grande importance à l'action comme aux sentiments.
• Quelques drames romantiques célèbres : *Hernani* (1830) et *Ruy Blas* (1838) de Victor Hugo, *Lorenzaccio* (1834) d'Alfred de Musset, *Chatterton* (1835) d'Alfred de Vigny et, à la toute fin du siècle, *Cyrano de Bergerac* d'Edmond Rostand.

18 En quoi peut-on dire que le dénouement est conforme au modèle du drame romantique ?

19 Pourquoi l'épée est-elle importante pour Cyrano? Comment peut-on interpréter la didascalie* « *L'épée s'échappe de ses mains* [...] *Ragueneau* » (p. 251)?

**** interpréter la didascalie* : expliquer ce que suggère ou signifie l'indication de mise en scène.**

20 Que signifie la dernière réplique de Cyrano? Dans quelle mesure peut-on dire qu'elle résume le héros et la pièce?

Lire l'image

21 En quoi l'illustration de la page 224 est-elle fidèle au dénouement de la pièce?

22 Comment l'illustrateur (p. 224) a-t-il exprimé le caractère tragique et émouvant de la dernière scène?

À vos plumes !

23 Imaginez que le duc de Gramont (comte de Guiche), deux mois après la mort de Cyrano, rende visite à Roxane. La jeune femme lui raconte ce qu'elle a découvert quant aux lettres et ce qu'elle éprouve. Écrivez la scène à la manière d'Edmond Rostand, mais sans nécessairement chercher à composer des alexandrins.

24 Imaginez qu'avant de rejoindre Roxane et de mourir sous ses yeux, Cyrano ait écrit une ultime lettre que Le Bret apporte à la jeune femme quelques jours plus tard. Écrivez la scène au cours de laquelle Roxane lit cette lettre à Le Bret.

Retour sur l'œuvre

Activités autour de *Cyrano de Bergerac*

1 Complétez la grille en y inscrivant les noms des personnages. Ceux des nobles figureront sans la particule *de*.

1. Grand ami du personnage principal *(sans espace)*.
2. Vicomte contre lequel le héros se bat tout en composant des vers.
3. Poète qui s'attire des ennuis en écrivant des vers moqueurs.
4. Nom du comte qui deviendra duc de Gramont à la fin de la pièce.
5. Cardinal puissant, amateur de littérature.
6. Nom usuel du personnage dont le nez est remarquable.
7. Nom du premier cadet à mourir lors du siège d'Arras.
8. Prénom de l'héroïne.
9. Célèbre comédien admiré ou détesté pour sa façon de déclamer.
10. Pâtissier et rôtisseur.

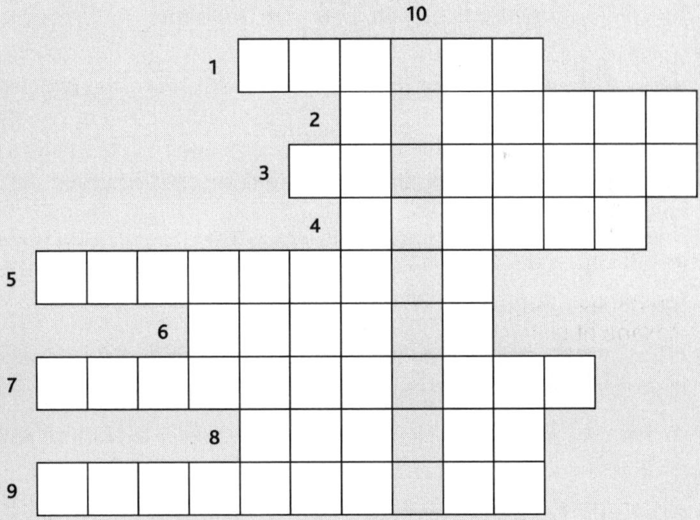

2 Associez chaque acte à son titre et au moment qui le marque particulièrement.

Le baiser de Roxane •	• Acte I •	• Cyrano séduit Roxane en se faisant passer pour Christian.
La gazette de Cyrano •	• Acte II •	• Christian meurt.
La rôtisserie des poètes •	• Acte III •	• Cyrano prononce la célèbre tirade du nez.
Une représentation à l'Hôtel de Bourgogne •	• Acte IV •	• Cyrano meurt.
Les cadets de Gascogne •	• Acte V •	• Cyrano apprend que Roxane aime Christian.

3 Complétez les citations les plus célèbres.

a) « *Descriptif : "C'est un roc ! c'est un .... ! c'est un cap ! Que dis-je, c'est un cap ?... c'est une .... !"* »

b) « *Ne pas monter bien haut, peut-être, mais tout .... !* »

c) « *Ci-gît ....-.........................*
De Cyrano de Bergerac
Qui fut ...., et qui ne fut .... »

4 Écrivez les mots correspondant aux définitions de vocabulaire d'analyse littéraire suivantes :

a) Indication destinée à la mise en scène : D _ _ _ _ _ _ _ _ _ E.

b) Longue réplique : T _ _ _ _ E.

c) Passage d'une pièce dont les limites correspondent à l'entrée ou à la sortie d'un ou de plusieurs personnages : S _ _ _ E.

d) Scène(s) présentant les éléments nécessaires à la compréhension de la pièce : E _ _ _ _ _ _ _ _ _ N.

e) Vers de 12 syllabes : A _ _ _ _ _ _ _ _ _ N.

f) Procédé d'exagération : H _ _ _ _ _ _ _ _ E.

Dossier Bibliocollège

Cyrano de Bergerac

1 L'essentiel sur l'œuvre

Cyrano de Bergerac

Cyrano de Bergerac est une « *comédie héroïque en cinq actes* » et « *en vers* » jouée pour la première fois le 28 décembre 1897 au théâtre de la Porte-Saint-Martin.

Inspiré par le drame romantique lancé par Victor Hugo, mais aussi par le théâtre de boulevard en vogue à la Belle Époque (nom donné aux années prospères autour de 1900), Edmond Rostand suit les conseils du comédien Constant Coquelin et compose une pièce au rythme soutenu, comme les aime le public de son temps.

Décors variés, personnages nombreux, jeux de scène, comédie tonique : Rostand séduit aisément son public. Mais le succès de la pièce tient sans doute davantage à l'histoire d'amour tragique, à la virtuosité des répliques et au personnage de Cyrano lui-même, attachant et drôle à la fois.

Dès sa 1re représentation, la pièce est un triomphe. Et le succès est durable, avec pas moins de 400 représentations entre la première (fin 1897) et mars 1899 !

2 La pièce en un coup d'œil

ACTE I : l'exposition (1640)	
Théâtre de l'Hôtel de Bourgogne	• Présentation de Cyrano : homme laid (scène 4 : tirade du nez), courageux, bagarreur, poète. • Présentation de l'intrigue amoureuse : Christian, le comte de Guiche et Cyrano aiment Roxane, une jeune précieuse.
ACTE II : le malentendu et le pacte	
Boutique du pâtissier Ragueneau	• Après avoir cru que Roxane l'aimait, Cyrano comprend qu'elle aime Christian. Il accepte de protéger le jeune homme. • Pour séduire Roxane, Christian et Cyrano allient leurs talents : la beauté de l'un et la poésie de l'autre.
ACTE III : les ruses de Cyrano	
Devant la maison de Roxane	• Christian, à qui Cyrano prête ses mots, déclare son amour à Roxane. • Cyrano écarte le comte de Guiche et permet le mariage de Christian et de Roxane. • Le comte de Guiche, pour se venger, envoie Christian et Cyrano combattre au siège d'Arras.
ACTE IV : la mort de Christian	
Camp militaire devant Arras	• Roxane, émue par les lettres qu'elle a reçues, rejoint le camp militaire. • Christian découvre que Cyrano a écrit chaque jour à Roxane et comprend qu'il l'aime. Il lui demande de dévoiler la vérité à la jeune fille mais il meurt au combat et Cyrano décide de garder ce secret pour lui.
ACTE V : la vérité dévoilée et la mort de Cyrano (15 ans plus tard)	
Parc d'un couvent	• Mortellement blessé, Cyrano rend visite à Roxane retirée dans un couvent. • Elle finit par comprendre qu'il est l'auteur des lettres. • Cyrano meurt avec « *panache* ».

3 Au temps d'Edmond Rostand

Un siècle de bouleversements politiques

Après une monarchie qui a duré plusieurs siècles, des régimes variés se succèdent au XIXe siècle…

- 1789-1804 : **Période révolutionnaire et Ire République** (en 1792).
- 1804-1815 : **Premier Empire** (Napoléon Ier).
- 1815-1848 : **Monarchie** (Louis XVIII, Charles X, Louis-Philippe).
- 1848-1851 : **IIe République** (Louis-Napoléon Bonaparte).
- 1852-1870 : **Second Empire** (L.-N. Bonaparte devient Napoléon III).
- 1870-1940 : **IIIe République.**

Une république qui durera 70 ans

La Constitution de 1875 est le fruit de **compromis entre des républicains** attachés aux idéaux révolutionnaires **et des conservateurs** attirés par la monarchie.
Le régime, qui parviendra à surmonter ses crises internes et résistera à la Première Guerre mondiale, s'achèvera en 1940 quand la France capitulera devant l'Allemagne nazie.

LA IIIE RÉPUBLIQUE

Proclamation de la IIIe République

La **défaite de la France contre la Prusse** (l'Allemagne) à Sedan marque, en septembre 1870, la fin du Second Empire et la proclamation de la IIIe République.
Après la Commune de Paris (une révolte en 1871) et un temps de troubles et d'hésitations, la IIIe République se dote, en 1875, d'une **Constitution** et entreprend de **grands travaux** (le réseau ferroviaire, par exemple) qui vont contribuer à souder le pays.

École et république laïques

Fidèle aux principes de Victor Hugo, la République considère que l'école est **source de progrès**. En 1881, **Jules Ferry** déclare que l'école primaire est laïque, gratuite et obligatoire.
Les enseignants sont, désormais, formés par l'État.
Le pouvoir des ordres religieux est réduit progressivement jusqu'à ce qu'en 1905 soit votée la **loi de séparation des Églises et de l'État.**

Libertés et république

En 1881, Jules Ferry fait voter des lois garantissant la **liberté de la presse** et le droit d'organiser des réunions. En 1884, les **syndicats** sont autorisés.

DE GRANDES AVANCÉES ET DES CRISES MAJEURES

De grandes crises

Les **104 gouvernements qui se succèdent** entre 1871 et 1940 montrent la fragilité d'un régime secoué par de grandes crises, telles que le **boulangisme**, qui faillit provoquer un coup d'État en 1889, et surtout l'**affaire Dreyfus**, qui déchira la France de 1894 à 1906.
Accusé à tort de trahison, le capitaine Dreyfus est condamné. En 1898, Émile Zola dénonce un complot de l'armée dans un article célèbre, « *J'accuse... !* », et doit s'exiler. Dreyfus est réhabilité en 1906.

Un esprit revanchard

La défaite cinglante de 1870, marquée par la **perte de l'Alsace et de la Lorraine**, montre le retard de la France et stimule les esprits. Elle suscite également un désir de revanche qui aboutira à la Première Guerre mondiale.

Un patriotisme affiché et conquérant

L'esprit de revanche soude la France qui, en 1880, un an après avoir choisi ***La Marseillaise*** comme hymne national, célèbre pour la première fois le 14 Juillet.

L'Exposition Universelle de 1889, avec sa spectaculaire **tour Eiffel**, marque le centenaire de la Révolution et affirme l'identité nationale. L'**expansion coloniale**, en Afrique notamment, contribue à nourrir ce patriotisme.

UNE FRANCE REVANCHARDE ET PATRIOTE

Un patriotisme conforté par des prouesses techniques

- En 1890, **Clément Ader** fait décoller le premier **avion**.
- En 1891, les **frères Michelin** inventent le pneumatique (le **pneu**) et contribuent au développement de la bicyclette.
- En 1895, grâce aux **frères Lumière**, le **cinématographe** fait ses débuts.
- À partir de 1896, **Henri Becquerel** ainsi que **Pierre et Marie Curie** étudient la **radioactivité**.
- En 1900 est inaugurée la première ligne du **métro parisien**.

LA FRANCE DE LA BELLE ÉPOQUE

Paix et prospérité

Entre 1870 et 1914 (la Belle Époque), la France connaît des **années de paix propices à son développement économique**. Les découvertes techniques transforment la vie quotidienne et enthousiasment des écrivains comme Jules Verne. L'industrie, le commerce et l'arrivée de **la « fée électricité »** annoncent de grands bouleversements.

Avant-garde artistique

Après les impressionnistes (Monet, Renoir…), qui ont, à la fin du XIXe siècle, ouvert la voie d'une nouvelle manière de peindre, les **cubistes** (Picasso, Braque…) révolutionnent la peinture en s'orientant vers l'**art abstrait**. Les poètes **Baudelaire** et **Rimbaud** inventent la poésie moderne, tandis que **Alfred Jarry**, jouant la provocation avec ***Ubu Roi***, inaugure une nouvelle forme de théâtre.

Une prospérité mal partagée

Dans les mines ou dans les faubourgs industriels, **les ouvriers vivent dans une misère** que le romancier Émile Zola dénonce dans *L'Assommoir* (1876) ou dans *Germinal* (1885) et contre laquelle les syndicats luttent d'arrache-pied.

Le plaisir et l'angoisse

Paris est devenu une vitrine du progrès. L'**Art nouveau** transforme les façades. La Belle Époque vibre au rythme des **cabarets** (le Moulin-Rouge ouvre en 1889) et des bals. Bourgeois et ouvriers tentent d'y **oublier les crises** et la guerre qui se profile.

4 Un drame romantique

Edmond Rostand inscrit *Cyrano de Bergerac* dans le genre de la « **comédie héroïque** », un genre pratiqué au temps du vrai Cyrano et qui associe les caractéristiques de la comédie à celles du roman héroïque. Toutefois, la comédie héroïque est oubliée à l'époque d'Edmond Rostand, et sa pièce s'apparente davantage au **drame romantique**, un genre né au XIXe siècle, qui mêle comédie et tragédie.

I – Une comédie héroïque à la manière du XVIIe siècle

L'alliance de la comédie et du roman héroïque

On retrouve, dans *Cyrano de Bergerac*, les principaux traits de la comédie héroïque.

	Caractéristiques	Quelques exemples dans *Cyrano de Bergerac*
COMÉDIE	Des scènes amusantes	Cyrano faisant taire Montfleury, la tirade du nez…
	Des personnages ordinaires	Ragueneau, le capucin…
	Une satire de la société	Cyrano critique les courtisans prêts à tout.
	Une fin heureuse	**Non.**
ROMAN HÉROÏQUE	Un héros de haut rang	Cyrano est noble mais de petite noblesse de campagne.
	Un héros hors du commun, digne des épopées	Cyrano manie l'épée et se montre fidèle et courageux.
	Un héros amoureux	Cyrano est amoureux de Roxane.
	Des scènes d'action	Cyrano se bat en duel et participe au siège d'Arras.

Comme on le voit dans ce tableau, la fin tragique de la pièce d'Edmond Rostand rappelle davantage la tragédie que la comédie héroïque. Le genre précisé par l'auteur sous le titre est plus une coloration historique qu'une véritable définition.

Un genre en vogue sous Louis XIII

Avec l'étiquette « comédie héroïque », un genre apprécié sous le règne de Louis XIII (1610-1643), Edmond Rostand rattache sa pièce à la période qu'il veut représenter. En accord avec le choix, pour héros, d'un personnage qui a réellement vécu à cette époque, cette mention d'un genre ancien figurant sous le titre affiche la période historique et contribue à l'illusion théâtrale (illusion créée pour donner au spectateur l'impression que l'histoire est vraie).

À RETENIR

La comédie héroïque est un genre peu pratiqué après la mort du roi Louis XIII.

Mais ne vous laissez pas tromper : Edmond Rostand a écrit un drame romantique plus qu'une véritable comédie héroïque.

II – Un drame romantique

Le rejet des règles du théâtre classique

Le drame romantique fait son apparition au début du XIXe siècle, après que la Révolution a rejeté les institutions et les codes de la monarchie (l'Ancien Régime). Après deux siècles (XVIIe et XVIIIe siècles) marqués par les règles strictes du théâtre classique, les romantiques revendiquent leur liberté d'auteurs, à condition que les pièces restent cohérentes et crédibles.

À RETENIR

Les romantiques, rejetant le classicisme, privilégient la liberté et l'illusion de réel.

Victor Hugo, le chef de file du mouvement romantique, compose, en 1827, *Cromwell*, une œuvre dont la préface constitue un manifeste du drame romantique. Trois ans plus tard, lors de sa première représentation à la Comédie-Française (le 25 février 1830), sa pièce *Hernani* déclenche une bataille mémorable entre les « classiques » et les « romantiques », qui en vinrent aux mains.

Les règles du théâtre classique	La position des romantiques	Le rejet des règles classiques dans *Cyrano de Bergerac*
Unité de lieu : la pièce se déroule en un seul lieu.	**Règle rejetée.**	Chaque acte a son propre décor.
Unité de temps : la pièce se déroule en un seul jour.	**Règle rejetée.**	Le dernier acte se déroule quinze ans après les autres.
Unité d'action : la pièce ne présente qu'une seule intrigue.	**Règle conservée :** la pièce doit être cohérente.	La pièce est centrée sur l'amour de Cyrano pour Roxane.
Règle de vraisemblance : ce qui est représenté doit être crédible.	**Règle conservée.**	L'acte IV se déroule durant le siège d'Arras, mais, pour rester crédible, Edmond Rostand ne montre pas la bataille.
Règle de bienséance : ce qui est représenté ne doit pas choquer le spectateur ; au XVIIe siècle, on ne fait pas mourir un personnage sur scène.	**Règle rejetée :** seuls les défenseurs du classicisme sont choqués par les libertés prises par les romantiques.	Christian et Cyrano meurent sur scène, le premier lors du siège d'Arras et le second à la toute fin de la pièce.

➥ Le mélange des genres : l'alliance du grotesque et du sublime

Victor Hugo a expliqué les principes du théâtre romantique dans la préface de son drame *Cromwell* (1827). Il veut en finir avec la séparation des genres chère aux auteurs classiques. Il prône une « ***harmonie des contraires*** » qui mêle le « ***grotesque*** » et le « ***sublime*** » afin de mieux représenter la complexité de la réalité humaine. Le « *grotesque* », qui prête à rire et appartient traditionnellement à la comédie, se trouve associé au « *sublime* » des sentiments nobles

À RETENIR

Alors que le théâtre classique (XVIIe et XVIIIe s.) distinguait nettement la comédie de la tragédie, le drame romantique (XIXe s.) prône le mélange des genres.

et des destins tragiques. Ainsi les auteurs romantiques, s'inspirant du dramaturge anglais William Shakespeare (1564-1616), réunissent-ils en un seul genre la comédie et la tragédie.
Bien qu'écrit plus d'une soixantaine d'années après *Cromwell* et *Hernani*, le chef-d'œuvre d'Edmond Rostand applique à la lettre les préceptes formulés par leur auteur, Victor Hugo. Le visage même du héros rappelle les « grotesques », ces ornements antiques représentant des personnages étranges, tandis que son attitude extravagante (acte I) déclenche le rire. Mais ce même héros se montre sublime quand, après la mort de Christian, il ne révèle le secret des lettres qu'au moment de mourir lui-même. Dans l'esprit du drame romantique et aussi de l'**esthétique baroque** (goût pour l'exubérance, le mouvement, la complexité) dominant à l'époque du vrai Cyrano, Edmond Rostand multiplie les péripéties et nous fait passer du rire aux larmes.

III – Un défi littéraire

À RETENIR

Le 10 décembre 1896, Alfred Jarry déclenche, lors de la première de sa pièce *Ubu Roi*, une querelle comparable à la bataille d'*Hernani*.

À la toute fin du XIXe siècle, **la Belle époque** fait souffler un **vent de liberté et de provocation**. Tandis que les peintres renient les règles traditionnelles du dessin et que l'Art nouveau métamorphose les façades des immeubles, **Alfred Jarry**, à côté du théâtre de « boulevard » au comique facile et de pièces idéalistes (réalistes ou symbolistes) difficiles, ose écrire en 1896, un an avant *Cyrano de Bergerac*, une pièce absurde, libérée de toutes les conventions : ***Ubu Roi***.
Dans ce contexte, on peut aussi percevoir *Cyrano de Bergerac* comme une forme particulière de provocation. En effet, pourquoi oser inscrire une pièce dans le genre oublié de la « comédie héroïque » ? Pourquoi écrire un drame romantique selon les préceptes du grand Victor Hugo mort il y a plus de dix ans ? Pourquoi jongler avec des alexandrins jugés dépassés ?
À sa manière, celle du Grand Siècle (le XVIIe siècle), Edmond Rostand répond à Jarry avec un « panache » qui franchit les époques.

5 La lettre d'amour

Dans la célèbre scène du balcon, Cyrano souffle à Christian une déclaration d'amour enflammée, mais ce sont surtout les lettres qui, du premier aveu au dernier billet conservé par Roxane, expriment toute la passion du héros pour sa cousine. En effet, l'amour s'écrit autant qu'il se dit, et la lettre d'amour, réelle ou fictive, passionnée, jalouse ou amère, semble un genre à part entière. La lettre est donnée à lire et à relire ; elle rapproche les amants séparés, fixe à l'encre la passion, transmet ce que l'on n'ose pas dire.

Le groupement de textes proposé réunit des lettres variées : la lettre, bien réelle, de Napoléon à sa jeune épouse Joséphine, et trois lettres fictives appartenant à des genres différents. Jean-Jacques Rousseau imagine la correspondance de Julie et de Saint-Preux dans son roman *Julie ou la Nouvelle Héloïse*. Au théâtre, la reine d'Espagne, héroïne du drame *Ruy Blas* de Victor Hugo, attend beaucoup des lettres qu'elle reçoit... Quant à Guillaume Apollinaire, dans les tranchées de la guerre de 14-18, il adresse à Lou des poèmes émouvants qui sont autant de lettres.

1 Jean-Jacques Rousseau, *Julie ou la Nouvelle Héloïse*

Dans ce roman[1] épistolaire[2] du XVIIIe siècle, Saint-Preux est le précepteur[3] de Julie, une jeune fille noble. Condition sociale et fortune les séparent, mais un amour profond et respectueux les unit. Saint-Preux a accepté de s'écarter, un temps, de la maison de son élève, mais ils continuent de s'écrire. La lettre suivante est de Julie.

> Je l'avais trop prévu ; le temps du bonheur est passé comme un éclair ; celui des disgrâces[4] commence, sans que rien m'aide à juger quand il finira. Tout m'alarme et me décourage ; une langueur[5] mortelle s'empare de mon âme ; sans sujet bien précis de pleurer, des pleurs involontaires s'échappent de mes yeux : je ne lis pas dans l'avenir des maux[6] inévitables ; mais je cultivais l'espérance, et la vois flétrir tous les jours. Que sert, hélas ! d'arroser le feuillage quand l'arbre est coupé par le pied ?
>
> Je le sens, mon ami, le poids de l'absence m'accable. Je ne puis vivre sans toi, je le sens ; c'est ce qui m'effraye le plus. Je parcours cent fois le jour les lieux que nous habitions ensemble, et ne t'y trouve jamais ; je t'attends à ton heure ordinaire[7] : l'heure passe, et tu ne viens point. Tous les objets que j'aperçois me portent quelque idée de ta présence pour m'avertir que je t'ai perdu. Tu n'as point ce supplice affreux : ton cœur seul peut te dire que je te manque. Ah ! si tu savais quel pire tourment c'est de rester quand on se sépare, combien tu préférerais ton état au mien !
>
> Encore si j'osais gémir, si j'osais parler de mes peines, je me sentirais soulagée des maux dont je pourrais me plaindre. Mais, hors quelques soupirs exhalés[8] en secret dans le sein de ma

Notes

1. Le titre du roman fait allusion à la célèbre correspondance d'Héloïse et Abélard, deux amants du Moyen Âge au destin tragique.
2. **épistolaire** : sous forme de lettres.
3. **précepteur** : professeur particulier.
4. **disgrâces** : malheurs, déceptions.
5. **langueur** : mélancolie, tristesse.
6. **maux** : malheurs (pluriel de *mal*).
7. L'heure de la leçon.
8. **exhalés** : poussés.

cousine, il faut étouffer tous les autres; il faut contenir mes larmes; il faut sourire quand je me meurs.

Sentirsi, o Des! morir,
E non poter mai dir :
Morir mi sento![1]

Le pis est que tous ces maux empirent sans cesse mon plus grand mal, et que plus ton souvenir me désole, plus j'aime à me le rappeler. Dis-moi, mon ami, mon doux ami; sens-tu combien un cœur languissant[2] est tendre, et combien la tristesse fait fermenter[3] l'amour?

Je voulais vous parler de mille choses; mais, outre qu'il vaut mieux attendre de savoir positivement[4] où vous êtes, il ne m'est pas possible de continuer cette lettre dans l'état où je me trouve en l'écrivant. Adieu, mon ami; je quitte la plume, mais croyez que je ne vous quitte pas.

Jean-Jacques Rousseau, *Julie ou la Nouvelle Héloïse*, Livre I, Lettre 25 de Julie à Saint-Preux, 1761.

Questions sur le texte 1

A. Quelle est la cause principale de la souffrance de Julie? Relevez trois procédés grammaticaux ou stylistiques utilisés par l'auteur pour exprimer cette souffrance.

B. Relisez le troisième paragraphe. Qu'est-ce qui aggrave la souffrance de Julie?

C. Pourquoi, selon vous, Julie a-t-elle recours au vouvoiement lorsqu'elle conclut sa lettre?

Notes

1. « *Se sentir mourir, ô Dieux! / Et ne pouvoir dire : / Je me sens mourir!* », air d'opéra de Pietro Metastasio (1698-1782).

2. **languissant** : mélancolique.

3. **fermenter** : se développer.

4. **positivement** : exactement.

2 Lettre de Napoléon Bonaparte à Joséphine de Beauharnais

En 1796, Napoléon Bonaparte[1] a été nommé général et a épousé Joséphine de Beauharnais. Éloignée de son épouse, il lui écrit des lettres passionnées[2].

Je n'ai pas passé un jour sans t'aimer, je n'ai pas passé une nuit sans te serrer entre mes bras, je n'ai pas pris une tasse de thé sans maudire la gloire et l'ambition qui me tiennent éloigné de l'âme de ma vie. Au milieu des affaires, à la tête des troupes, en parcourant les camps, mon adorable Joséphine est seule dans mon cœur, occupe mon esprit, absorbe ma pensée. Si je m'éloigne de toi avec la vitesse du torrent du Rhône, c'est pour te revoir plus vite. Si, au milieu de la nuit, je me lève pour travailler encore, c'est que cela peut avancer de quelques jours l'arrivée de ma douce amie. Et cependant, dans ta lettre n° 3 du 26 ventôse[3], tu me traites de « Vous ». « Vous » toi-même. Ah ! mauvaise, comment as-tu pu écrire la lettre, mais qu'elle est froide ! Et puis du 22 au 26 reste 4 jours. Qu'as-tu fait puisque tu n'as pas écrit à ton mari… À mon amie ce « vous » et ces 4 jours me font regretter mon antique indifférence. Malheur à celui qui en serait la cause ! […] « Vous » ! « Vous » ! Ah ! que sera-ce dans quinze jours… Mon âme est triste, mon cœur est esclave et mon imagination m'effraye. Tu m'aimes moins. Tu seras consolée. Un jour, tu ne m'aimeras plus. Dis-moi-le[4]. Je saurai au moins mériter le malheur. Adieu, femme, tourment, bonheur, espérance, et âme de ma vie, que j'aime, que je crains, qui m'inspire des sentiments tendres qui m'appellent à la nature et des mouvements tempétueux aussi volcaniques

Notes

1. Napoléon Bonaparte sera sacré empereur (Napoléon Ier) le 2 décembre 1804 et mourra exilé à Sainte-Hélène en 1821.
2. L'orthographe et la ponctuation ont été modernisées pour faciliter la lecture.
3. **ventôse** : mois révolutionnaire correspondant à une période allant du 19 février au 20 mars.
4. On dirait plutôt « Dis-le-moi ».

que l'Etna[1]. Je ne te demande ni amour éternelle[2] ni fidélité mais seulement… vérité, franchise sans borne. Le jour que[3] tu me diras «je t'aime moins» sera ou le dernier de mon amour ou le dernier de ma vie. Si mon cœur était assez vil[4] pour aimer sans retour, je le hacherais avec les dents. Joséphine, Joséphine ! Souviens-toi de ce que je te dis quelques fois. La nature m'a fait l'âme forte et décidée, elle t'a bâtie de dentelle et de gaze[5]. Si tu cesses de m'aimer !! Pardon, âme de ma vie, mon âme est tendre sur de vastes combinaisons. Mon cœur entièrement occupé par toi a des craintes qui me rendent malheureux. Je suis ennuyé de ne pas t'appeler par ton nom. J'attends que tu me l'écrives. Adieu ! Ah ! Si tu m'aimes moins, tu ne m'auras jamais aimé. Je serai alors bien à plaindre.

Napoléon Bonaparte à Joséphine de Beauharnais, son épouse, le 30 mars 1796.

Questions sur le texte 2

A. De quelle manière la première phrase exprime-t-elle l'amour de Napoléon pour Joséphine ? Examinez le lexique et la construction de la phrase.

B. Quels reproches Napoléon adresse-t-il à sa femme ?

C. Quelles inquiétudes Napoléon exprime-t-il ?

Notes

1. Etna : volcan sicilien.
2. L'adjectif est au féminin car le nom *amour* est, ici, au féminin. Aujourd'hui, *amour* n'apparaît au féminin que lorsqu'il est au pluriel.
3. que : où.
4. vil : méprisable.
5. gaze : tissu très fin.

3) Victor Hugo, *Ruy Blas*

Délaissée par le roi Charles II, la reine d'Espagne s'ennuie loin de son Allemagne natale. Elle reçoit les fleurs d'un admirateur inconnu, puis une lettre. Le spectateur sait que cet inconnu est Ruy Blas, un valet éperdument amoureux de la reine et impliqué, malgré lui, dans une sombre affaire.

Scène 2 – *La Reine, seule*

LA REINE

[...]
Que c'est faible, une reine, et que c'est peu de chose !
Prions.

Elle s'agenouille devant la Madone[1].

– Secourez-moi, madame ! Car je n'ose
Élever mon regard jusqu'à vous !

Elle s'interrompt.

– Ô mon Dieu !
La dentelle, la fleur, la lettre, c'est du feu !

Elle met la main dans sa poitrine et en arrache une lettre froissée, un bouquet desséché de petites fleurs bleues et un morceau de dentelle taché de sang[2] *qu'elle jette sur la table ; puis elle retombe à genoux.*

Vierge, astre de la mer ! Vierge, espoir du martyre !
Aidez-moi ! –

S'interrompant.

Cette lettre !

Se tournant à demi vers la table.

Elle est là qui m'attire.

S'agenouillant de nouveau.

Je ne veux plus la lire ! – ô reine de douceur !

Notes

1. *Madone* : représentation de la Vierge Marie.

2. Ruy Blas s'est blessé en escaladant la façade du château pour déposer ses fleurs.

Vous qu'à tout affligé Jésus donne pour sœur !
Venez, je vous appelle ! –

Elle se lève, fait quelques pas vers la table, puis s'arrête, puis enfin se précipite sur la lettre, comme cédant à une attraction irrésistible.

Oui, je vais la relire
Une dernière fois ! Après, je la déchire !

Avec un sourire triste.

Hélas ! Depuis un mois, je dis toujours cela.

Elle déplie la lettre résolument et lit.

« Madame, sous vos pieds, dans l'ombre, un homme est là
« Qui vous aime, perdu dans la nuit qui le voile ;
« Qui souffre, ver de terre amoureux d'une étoile ;
« Qui pour vous donnera son âme, s'il le faut ;
« Et qui se meurt en bas quand vous brillez en haut. »

Elle pose la lettre sur la table.

Quand l'âme a soif, il faut qu'elle se désaltère,
Fût-ce[1] dans du poison !

Elle remet la lettre et la dentelle dans sa poitrine.

Je n'ai rien sur la terre.
Mais enfin il faut bien que j'aime quelqu'un, moi !
Oh ! s'il avait voulu, j'aurais aimé le roi.
Mais il me laisse ainsi, – seule, – d'amour privée.

La grande porte s'ouvre à deux battants. Entre un huissier de chambre, en grand costume.

L'HUISSIER, *à haute voix.*

Une lettre du roi !

LA REINE, *comme réveillée en sursaut, avec un cri de joie.*

Du roi ! je suis sauvée !

Note

1. **Fût-ce** : ne serait-ce (passé 2e forme du conditionnel).

Scène 3 – La Reine, la Duchesse d'Albuquerque, Casilda, Don Guritan, femmes de la Reine, pages, Ruy Blas

Tous entrent gravement. La duchesse en tête, puis les femmes. Ruy Blas reste au fond de la chambre. Il est magnifiquement vêtu. Son manteau tombe sur son bras gauche et le cache. Deux pages, portant sur un coussin de drap d'or la lettre du roi, viennent s'agenouiller devant la reine, à quelques pas de distance.

RUY BLAS, *au fond, à part.*

Où suis-je ? – Qu'elle est belle ! – Oh ! pour qui suis-je ici ?

LA REINE, *à part.*

C'est un secours du ciel !

Haut.

Donnez vite !

Se retournant vers le portrait du roi.

Merci,

Monseigneur !

À la duchesse.

D'où me vient cette lettre ?

LA DUCHESSE

Madame,

D'Aranjuez, où le roi chasse.

LA REINE

Du fond de l'âme

Je lui rends grâce. Il a compris qu'en mon ennui
J'avais besoin d'un mot d'amour qui vînt[1] de lui !
Mais donnez donc !

LA DUCHESSE, *avec une révérence, montrant la lettre.*

L'usage, il faut que je le dise,

Veut que ce soit d'abord moi qui l'ouvre et la lise.

Note

1. **vînt** : vienne (imparfait du subjonctif).

LA REINE

Encore ! – Eh bien, lisez !

La duchesse prend la lettre et la déploie lentement.

CASILDA, *à part.*

Voyons le billet doux[1].

LA DUCHESSE, *lisant.*

« Madame, il fait grand vent et j'ai tué six loups. »
Signé : « Carlos. »

LA REINE, *à part.*

Hélas !

Victor Hugo, *Ruy Blas*, extrait des scènes 2 et 3 de l'acte II, 1838

Questions sur le texte 3

A. Comment Ruy Blas, dans sa lettre, montre-t-il à la reine qu'il est amoureux d'elle ?

B. Pourquoi la reine est-elle soulagée de recevoir une lettre de son mari ?

C. Comparez la lettre de Ruy Blas et celle du roi. Qu'éprouve, selon vous, la reine ? Justifiez votre réponse.

4 Guillaume Apollinaire, *Poèmes à Lou*

Soldat dans les tranchées durant la Première Guerre mondiale, Guillaume Apollinaire[2] écrit, en 1915, de nombreuses lettres et poèmes à la comtesse Louise de Coligny avec laquelle il a eu, un an auparavant, une brève liaison.

Notes

1. **billet doux :** petite lettre d'amour.
2. Guillaume Apollinaire fut gravement blessé en 1915 et mourut en 1918 de la grippe espagnole. Il a contribué au renouvellement de la poésie en supprimant la ponctuation, en mélangeant les genres et en imaginant ses *Calligrammes* (poèmes formant des dessins).

Je t'écris ô mon Lou de la hutte en roseaux
Où palpitent d'amour et d'espoir neuf cœurs d'hommes
Les canons font partir leurs obus en monômes[1]
Et j'écoute gémir la forêt sans oiseaux

Il était une fois en Bohême un poète
Qui sanglotait d'amour puis chantait au soleil
Il était autrefois la comtesse A*lou*ette
Qui sut si bien mentir qu'il en perdit la tête
En perdit sa chanson en perdit le sommeil

Un jour elle lui dit Je t'aime ô mon poète
Mais il ne la crut pas et sourit tristement
Puis s'en fut en chantant Tire-lire A*lou*ette
Et se cachait au fond d'un petit bois charmant

Un soir en gazouillant son joli tire-lire
La comtesse A*lou*ette arriva dans le bois
Je t'aime ô mon poète et je viens te le dire
Je t'aime pour toujours Enfin je te revois
Et prends-la pour toujours mon âme qui soupire

Ô cruelle A*lou*ette au cœur dur de vautour
Vous mentîtes encore au poète crédule
J'écoute la forêt gémir au crépuscule
La comtesse s'en fut et puis revint un jour
Poète adore-moi moi j'aime un autre amour

Il était une fois un poète en Bohême
Qui partit à la guerre on ne sait pas pourquoi
Voulez-vous être aimé n'aimez pas croyez-moi

Note

1. monômes : cortèges d'étudiants; ici, les uns derrière les autres.

Il mourut en disant Ma comtesse je t'aime
Et j'écoute à travers le petit jour si froid
Les obus s'envoler comme l'amour lui-même

10 avril 1915.

Guillaume Apollinaire, *Poèmes à Lou*, section XXXIV, 1947 (publication posthume), Gallimard, 1955.

Questions sur le texte 4

A. En quoi ce poème est-il bien une lettre ? Relevez les mots ou expressions qui désignent Louise de Coligny.

B. Montrez que Guillaume Apollinaire s'inspire du genre du conte pour raconter sa déception amoureuse.

C. Comment le poète évoque-t-il la guerre ?

6 Lecture d'images et histoire des Arts

1 *Cyrano de Bergerac*, mise en scène de Denis Podalydès (2006)

Document 1

Le rôle de Cyrano est tenu par Michel Vuillermoz et celui de Valvert par Christian Gonon. L'image correspond à la célèbre scène de la « tirade du nez » (I, 4).

En 2006, aidé par Emmanuel Bourdieu pour la dramaturgie (adaptation du texte pour la scène), le comédien Denis Podalydès monte *Cyrano de Bergerac* à la Comédie-Française. Très colorés, les costumes, créés par le célèbre couturier Christian Lacroix, s'accordent parfaitement à l'esprit baroque de la pièce. Les personnages évoluent dans une atmosphère souvent féerique, et Cyrano est, ici, plus mélancolique que bagarreur. Cette production, récompensée par six Molières, dont celui du meilleur metteur en scène, a été reprise en 2010 et 2017 avec autant de succès.

Questions sur le document 1

A. Les costumes appartiennent-ils tous à la même époque ? Que veulent ainsi suggérer le metteur en scène et le couturier ?

B. Comment les différents personnages sont-ils disposés ? Pourquoi, selon vous ?

C. Cyrano vous semble-t-il, ici, aussi arrogant que dans le texte d'Edmond Rostand ? Développez votre réponse.

D. À quel autre « spectacle » cette photographie vous fait-elle penser ? Pourquoi ? Ce choix peut-il se justifier ?

2) *Cyrano de Bergerac* de Jean-Paul Rappeneau (1990)

Document 2

Gérard Depardieu joue le rôle-titre, Anne-Brochet celui de Roxane, et Vincent Perez celui de Christian de Neuvillette.

Jean-Paul Rappeneau est un scénariste et réalisateur né en 1932. Il n'a tourné que huit longs-métrages, car il consacre beaucoup de temps à l'écriture de chaque scénario. Il a connu de grands succès comme *Les Mariés de l'an II* (1971), *Le Sauvage* (1975), mais surtout *Cyrano de Bergerac* (1990) et *Le Hussard sur le toit* (1995).
Sa brillante adaptation de *Cyrano* donne toute son ampleur à l'intrigue, tandis que le jeu naturel des comédiens assouplit la versification sans faire perdre au texte de son brio. Très apprécié du public comme des critiques, le film a égalé le record de dix César et obtenu un Oscar pour les costumes en 1991, après avoir déjà reçu, en 1990, le Golden Globe du meilleur film étranger. Gérard Depardieu a obtenu le Prix d'interprétation au Festival de Cannes.

Questions sur le document 2

A. À quel moment de l'intrigue correspond cette image ?

B. En quoi Cyrano et Christian se ressemblent-ils ici ?

C. Roxane apparaît-elle encore, sur cette image, comme une précieuse fréquentant les salons ? Justifiez votre réponse et expliquez le changement du personnage.

D. En quoi le film peut-il aider les spectateurs à mieux comprendre la pièce d'Edmond Rostand ?

7 Et par ailleurs...

Si vous avez aimé *Cyrano de Bergerac*, retrouvez la pièce sur scène, à l'écran ou sur Internet et poursuivez votre voyage en découvrant d'autres œuvres abordant les thèmes que vous avez appréciés.

UN SITE INCONTOURNABLE

Le site cyranodebergerac.fr, régulièrement mis à jour, est une mine de renseignements. Les petits articles de la rubrique « Rostand raconte *Cyrano* » sont tout à fait intéressants ou amusants. On y apprend, par exemple, que l'auteur se serait inspiré d'un surveillant de son collège pour imaginer le nez de son héros… Vous y trouverez aussi la liste de toutes les mises en scène du chef-d'œuvre de Rostand dans le monde : pas moins de deux cents entre 2006 et 2016…

CYRANO SUR LES PLANCHES

Quelques mises en scène ont fait date, dont vous pouvez trouver des images ou des extraits en entrant le nom de la pièce et celui du metteur en scène dans votre moteur de recherche.

- Mise en scène de Denis Podalydès, avec Michel Vuillermoz dans le rôle de Cyrano, pour la Comédie-Française en 2006, 2010 et 2017. Pour mieux la connaître, lisez la page 281 et consultez le site de la Comédie-Française. Cette mise en scène est disponible en DVD.
- Mise en scène de Dominique Pitoiset, avec Philippe Torreton dans le rôle-titre. Créée à Rennes en 2013, la pièce est reprise en 2016 au théâtre de la Porte-Saint-Martin, là où elle fut jouée pour la première fois. Ce théâtre n'avait pas mis ce succès à l'affiche depuis 1938 !

L'intrigue se déroule dans un hôpital psychiatrique ! Si ce choix original a pu être contesté, on a admiré sans réserve Philippe Torreton. « *On est dans une société où […] on ne dit pas grand-chose en son nom. Et ça, Cyrano le fait, il prend tous les risques, il dit son fait à tout le monde. En cela, il est malheureusement terriblement d'actualité* », expliquait alors le comédien.

Saviez-vous qu'un des grands classiques du cinéma muet est le film colorisé *Cyrano de Bergerac* réalisé en 1922 par Augusto Genina ? Ce film est sorti en DVD en 2000.

LE *CYRANO* DE RAPPENEAU

Ne manquez pas, en DVD ou en salle, le *Cyrano de Bergerac* de Jean-Paul Rappeneau (voir p. 282), avec Gérard Depardieu, Anne Brochet et Vincent Perez. « *Ce spectacle ample, enluminé par des décors qui rappellent les tableaux d'époque, ne trébuche sur aucune des grandes scènes attendues : la tirade du nez, déclamée en mouvement, est un instant magique* », écrivait encore Nagel Miller dans *Télérama* en 2017.

CE CHER EDMOND

La pièce d'Alexis Michalik *Edmond*, dont la première a eu lieu en 2016 au théâtre du Palais-Royal, a obtenu cinq Molières. Elle est en tournée depuis 2017, et vous aurez peut-être l'occasion de découvrir l'histoire de la création de *Cyrano de Bergerac* par Edmond Rostand, en appréciant, comme autant de clins d'œil aux spectateurs, les multiples citations de la pièce.

UNE VERSION CULTE

Le téléfilm proposé en 1960 par Claude Barma, avec Daniel Sorano, fut une telle réussite que cela a justifié sa sortie en DVD.

Vous pouvez aussi entendre les tirades du nez et du « non merci » sur Youtube ou sur le site de l'INA.

LE ROMAN DE CAPE ET D'ÉPÉE

À l'origine, la *comedia de capa y espada* est un genre théâtral apprécié en Espagne au XVIIe siècle. La cape et l'épée indiquent, ici, l'origine noble des personnages en même temps qu'elles suggèrent la place des duels dans les intrigues. En France, l'expression sera reprise, au XIXe siècle, pour qualifier les romans populaires publiés en feuilletons dans les journaux : Alexandre Dumas sera le grand maître du genre. Edmond Rostand s'est inspiré de ces récits à la mode au moment d'écrire son *Cyrano*.

LES TROIS MOUSQUETAIRES

Une cinquantaine d'années avant Rostand, Alexandre Dumas père (en collaboration avec Auguste Maquet) brode, sur la toile historique du siècle de Louis XIII, une intrigue où se côtoient personnages réels et héros de fiction. D'Artagnan, Athos, Porthos et Aramis – plus fictifs qu'historiques – sont des Gascons, comme Cyrano dans la pièce. Ils déjouent les projets machiavéliques du puissant cardinal de Richelieu et sauvent l'honneur de la reine Anne d'Autriche.

Cyrano fait, d'ailleurs, allusion à cette intrigue dans la scène 10 de l'acte III (v. 1522 à 1524).

LE COMTE DE MONTE-CRISTO

Publié la même année (1844), ce récit de Dumas (également écrit en collaboration avec Auguste Maquet) raconte l'histoire d'Edmond Dantès, qui, sur le point de se fiancer, se trouve injustement accusé d'avoir favorisé le retour de Napoléon Bonaparte en 1815. Enfermé au château d'If, il devient le protégé d'un autre détenu, l'abbé Faria, qui lui livre le secret d'un trésor enfoui sur l'île de Montecristo. Quand il s'évade quatorze ans plus tard, Edmond Dantès, devenu le richissime comte de Monte-Cristo, n'a qu'une idée en tête : punir tous ceux qui ont brisé sa vie.

LE BOSSU DE PAUL FÉVAL

Ce livre est aussi connu et passionnant que les romans d'Alexandre Dumas. L'histoire se déroule en 1699, puis en 1717. Le bossu n'est autre que l'invincible chevalier de Lagardère, à qui l'on doit cette célèbre réplique : *« Si tu ne viens pas à Lagardère, Lagardère ira à toi ! »*... Si la longueur du récit vous inquiète, vous pouvez le lire sous une forme abrégée à L'École des loisirs ou en « Livre de Poche Jeunesse ».

Deux adaptations cinématographiques de qualité vous permettront aussi de découvrir cette œuvre : le film d'André Hunebelle, avec Jean Marais et Bourvil (1959), et celui de Philippe de Broca, avec Daniel Auteuil, Fabrice Luchini et Vincent Perez (1997).

QUAND CYRANO RENCONTRE D'ARTAGNAN

Le fils de Paul Féval a imaginé des romans-feuilletons où se côtoient d'Artagnan et Cyrano (Paul Féval fils, *D'Artagnan et Cyrano*, Omnibus). Vous retrouverez aussi ces héros dans la *Chronique héroï-comique de cape et d'épée* d'Abel Gance (1964), visible sur Youtube.

LAIDEUR ET AMOUR

Les contes ont abordé cette question : le « Bibliocollège » (Hachette Livre) *La Belle et la Bête* ajoute au récit de Madame Leprince de Beaumont d'autres contes sur ce thème, notamment *Riquet à la houppe* de Charles Perrault et *Le Vilain Petit Canard* d'Andersen.

De grands classiques évoquent aussi cette question de la laideur :

• *L'Homme qui rit* de Victor Hugo (version abrégée en « Folio Junior ») : l'histoire de Gwynplaine, jeune homme défiguré, et de son amour pour Déa.

• *Frankenstein ou le Prométhée moderne* de Mary Shelley (version abrégée en « Livre de Poche Jeunesse ») : la souffrance d'une créature monstrueuse inventée par un savant fou, le docteur Frankenstein.

On retrouve ce thème dans les romans qui évoquent les gueules cassées de la Première Guerre mondiale : *La Chambre des officiers* de Marc Dugain (1998), *Au revoir là-haut* de Pierre Lemaître (Prix Goncourt 2013)…

TRANSPOSITION

En littérature pour la jeunesse, vous pourrez lire aisément le roman d'Arthur Ténor *Blaise Cyrano, le raté magnifique* (Oskar éditeur, 2017), une transposition de la pièce d'Edmond Rostand dans le monde des adolescents d'aujourd'hui.

CONSEILS de LECTURE

Quelques suggestions si vous aimez les lettres d'amour :

- Dans *Je vous aime* (« Librio »), Irène Frain réunit plus de quarante lettres d'amour écrites par des personnes célèbres, telles que Victor Hugo, Napoléon, Berlioz…
- Dans *Lettre d'une inconnue* de Stefan Zweig (« Le Livre de Poche »), un écrivain connu reçoit, un jour, la longue lettre d'une femme qui l'a passionnément aimé sans avoir pu retenir son attention. Cette nouvelle poignante a fait l'objet de plusieurs adaptations au cinéma.
- *La Salle de bal* d'Anna Hope (Gallimard, 2017) est un très beau roman d'amour qui se déroule à la veille de la Première Guerre mondiale dans un asile psychiatrique. John écrit à Ella…

Dans la même collection

Dans la même collection (suite et fin)

LONDON
L'Appel de la forêt (84)

MARIVAUX
L'Île des esclaves (94)

MAUPASSANT
Boule de Suif (60)
Le Horla et six contes fantastiques (22)
Nouvelles réalistes (92)
Toine et autres contes (12)

MÉRIMÉE
La Vénus d'Ille (13)
Tamango (66)

MOLIÈRE
George Dandin (45)
L'Avare (16)
Le Bourgeois gentilhomme (33)
L'École des femmes (24)
Les Femmes savantes (18)
Les Fourberies de Scapin (1)
Les Précieuses ridicules (80)
Le Malade imaginaire (5)
Le Médecin malgré lui (7)
Le Médecin volant – L'Amour médecin (76)

MONTESQUIEU
Lettres persanes (47)

MUSSET
Les Caprices de Marianne (85)

NÉMIROVSKY
Le Bal (57)

OBALDIA
Innocentines (59)

OLMI
Numéro Six (90)

PERRAULT
Contes (6)

POE
Le Chat noir et autres contes (34)
Le Scarabée d'or (53)

POPPE
Là-bas (89)

RABELAIS
Gargantua – Pantagruel (25)

RACINE
Andromaque (23)
Iphigénie (86)

RENARD
Poil de carotte (32)

ROSTAND
Cyrano de Bergerac (95)

SAGAN
Bonjour tristesse (88)

SAND
La Mare au diable (4)

SHAKESPEARE
Roméo et Juliette (71)

STENDHAL
Vanina Vanini (61)

STEVENSON
L'Île au trésor (48)

STOKER
Dracula (81)

VALLÈS
L'Enfant (64)

VERNE
Le Tour du monde en quatre-vingts jours (73)
Un hivernage dans les glaces (51)

VILLIERS DE L'ISLE-ADAM
Contes cruels (54)

VOLTAIRE
Micromégas et autres contes (14)
Zadig ou la Destinée (72)

WILDE
Le Fantôme de Canterville (36)

ZOLA
Jacques Damour et autres nouvelles (39)
Au bonheur des dames (78)

ZWEIG
Le Joueur d'échecs (87)